GÜTERSLOHER
VERLAGSHAUS

Gütersloher Verlagshaus. Dem Leben vertrauen

Für die Freunde

Jörg Zink, geboren 1922, Dr. theol., ist einer der bekanntesten Theologen der Gegenwart. Er ist Verfasser zahlreicher erfolgreicher Titel zu Fragen der Bibel und des christlichen Glaubens und Lebens.

Jörg Zink

Ufergedanken

Gütersloher Verlagshaus

Bibliografische Information der Deutschen Nationalbibliothek
Die Deutsche Nationalbibliothek verzeichnet diese Publikation in der Deutschen Nationalbibliografie; detaillierte bibliografische Daten sind im Internet über http://dnb.d-nb.de abrufbar.

Bilder von J. M. William Turner (1775–1851)

Umschlagmotiv: *Chrysès*, 1811, Aquarell, 66 x 100 cm, (Ausschnitt), London, The National Gallery.
S. 32a: *Das Kriegsschiff »Temeraire« wird zu seinem letzten Ankerplatz geschleppt, um abgewrackt zu werden*, 1838, Öl auf Leinwand, 91 x 122 cm, (Ausschnitt), London, The National Gallery.
S. 64a: *Landschaft mit einem Fluss und einer Bucht im Hintergrund*, um 1840–50, Öl auf Leinwand, 94 x 123 cm, (Ausschnitt), Paris, Musée du Louvre.
S. 96a: *Der Strand von Calais*, um 1828, Öl auf Leinwand, (Ausschnitt), Bury Art Gallery and Museum.
S. 128a: *Sich der Küste nähernde Yacht*, um 1835–40, Öl auf Leinwand, 102 x 142 cm, (Ausschnitt), London, The Tate Gallery.
S. 160a: *Sonnenuntergang in dunklen Wolken*, um 1826, Aquarell, 27,5 x 46,8 cm, (Ausschnitt), London, The Tate Gallery.

2. Auflage, 2008

Satz: Katja Rediske, Landesbergen
Druck und Einband: Těšínská tiskárna, a. s., Český Těšín
Printed in Czech Republic
ISBN 978-3-579-06460-4

www.gtvh.de

Inhalt

Ankunft

Es ist, wie es jedes Mal war. Vertraut. Fast heimatlich. Im offenen Kiefernwald komme ich an auf der breit hingelagerten Düne. Ich weiß nicht, zum wievielten Mal. Ein Holzhaus mein Quartier. Altbekannt jedes Brett. Wie alte Freunde stehen sie zum Empfang, die rohen Fensterläden. Ein Blick in die Runde, ob alles noch an seinem Ort ist. Das Gepäck in der dämmrigen Stube abstellen. Ein Blick in jede Ecke. Die Fenster öffnen. Ja. Das ist es. Hier wird nun wieder mein Zuhause sein für lange Wochen.

Danach ein erster Weg hinunter ans Wasser, zwischen den hohen Kiefern, die von Schritt zu Schritt kleiner werden, krummer, bis sie sich in wirrem Gestrüpp verlieren. Weiter unten offene Heide. Sand. Nachschauen, ob das Meer noch da ist. Wie oft bin ich diesen Weg gegangen an den Abenden, dem roten Himmel entgegen! Habe mir das große Zischen vorgestellt, das gewiss aufbrausen würde, wenn die Sonne ins Meer fiel.

Erste Schritte, noch ein wenig ungewohnt über den nassen Sand. Stehen bleiben. Durchatmen. Noch bin ich nicht eins mit dem Wasser und der lang hingedehnten Dünenküste. Mit dem eigentümlich scharfen, weichen Geruch von Wind und salziger Gischt, von Meertieren und Algen, in dem so viel zu uns kommt von einer alles verwandelnden Kraft, von dem starken Rhythmus im Wechselspiel zwischen Nacht und Tag, Tod und Leben, Ebbe und Flut, Stille und Sturm.

Noch sehe ich sie wie zum ersten Mal, diese Dramaturgie der strengen Gesetze, die hier, entlang der Grenzlinie zwischen den anlandenden Wellen und dem Fuß der Düne, hin und her spielt. Das Meer mit seiner herandrängenden Energie kennt sie und fügt sich. Grenzen und geltende Ordnungen sind gut. Sie machen die Erde begehbar. Bewohnbar.

*

Eine einzige, lang hingezogene Düne ist die Küste Aquitaniens, des »Wasserlandes«. Breit öffnet sie sich nach Westen hin. Empfängt den Wind, der einige tausend Seemeilen weit über das Meer gewandert ist und nun bei ihr ankommt, frisch und herb und klar. Beinahe leer ist das Land von Menschen. Oft sehe ich niemanden, wie jetzt, da keine Reisezeit ist. In der Ferne nur vereinzelte Spuren menschlicher Anwesenheit. Eine aufgerichtete Stange. Weit draußen ein Leuchtturm. Kein Boot. Kein Schiff draußen. Und arm ist es. Sand, Gestrüpp, trockenes Gras – das ist alles. Wenige Blumen. Verstreutes Strandgut. Im Sand an der Wasserlinie fein geprägte grafische Muster. Die Schöpfungsgeschichte ist nicht weit.

So einfach zu werden wäre vielleicht der Sinn eines Lebens in diesem einfachen Land. Fast ist es eine Störung, dass ich hier bin, der Gast, der Flüchtling, der das Gepäck, die Last einer ganzen Zivilisation, mit sich hier herträgt. Viel, sehr viel in mir, das entbehrlich ist, verrinnt hier wie die kleinen auslaufenden Wellenspitzen zwischen den runden Kieseln.

*

Drei Urgestalten unserer Erde hat es für mich gegeben, seit ich über sie hingehe. Drei Arten von Landschaft und Umwelt, die mich geprägt haben und denen ich viel, was mir wichtig ist, verdanke.

Die erste waren die Wälder und die Wachholderheiden meiner Heimat. Mehr als achtzig Jahre sind vergangen seit meinen ersten Streifzügen durch das Land der Quelltöpfe und Kalkfelsen, die ich so sehr geliebt habe als ein Kind der Schwäbischen Alb. Vielleicht steht dort unter den wunderbaren Buchen noch die eine oder andere, die sich meiner erinnert. Denn alles findet zuletzt im großen, weltweiten Gedächtnis aller Dinge seinen Ort.

Die zweite Urlandschaft war die Wüste der arabischen Länder. Eine Welt der inneren Erfahrungen, die mir so viel gesagt und erzählt hat vom Beginn des Seins und von den Einsamkeiten der Seele, eine Welt der strengen Wahrheiten und der berauschenden Schönheit. Die karge Welt einsamer Ekstasen.

Die dritte nun ist diese hier: das Ufer eines Meeres, an dem ein alter Mann ankommt, der sich von den vielen Dingen, die er gesehen, die er gewollt, die er bewirkt hat, im Frieden lösen möchte, und der sich wünscht, es möchte sich an diesem Ort, der wie geschaffen scheint zum Auf- und Davonfliegen, etwas von dem langen Weg deutlicher zeigen, den er gegangen ist.

*

Inzwischen ist die Sonne ihren Weg unter den Horizont gegangen. Still, ohne Aufhebens und ohne das große Zischen. Die Ränder der Wolken, eben noch blass rot, dunkeln. Ein Mond leuchtet zwischen ihnen auf, als habe er nie anderswo gestanden. Ein paar Sterne zeigen sich. Ich bin also zu Hause. Wo Sterne sind und sich ihre klare, verlässliche Schrift über den Himmel zieht, bin ich in einer vertrauten Welt.

Der große Schwan, vom Weltraum getragen, zieht seine Kreise. Er muss seine Flügel nicht bewegen. Er gleitet majestätisch hoch über mir. Die Leier rauscht leise und tröstlich. Der Held Perseus löst noch immer die schöne Königstochter Andromeda von ihrem Felsen und rettet sie vor dem Untier. Aufmerksam steht fast am Horizont der große Hund zwischen den Kiefern. Das lange Drachenungeheuer zwischen den beiden Wagen bleckt seine Zähne, und das zottige Bärenpelztier, Ursa heißt es eigentlich, die große Bärin, mit ihren langen Krallen und ihren Sternenaugen, tritt aus dem Himmelswald. Freundlich brummend.

Alles stimmt noch. Alles ist noch da. Ich lasse mich zurückgeleiten von dem schmalen Mond, der mächtigen Mutter des Meeres, die mit ihrem Kind die täglichen Gehversuche übt, hin und her zwischen Flut und Ebbe. Morgen früh, wenn alles voll Licht ist, werde ich wieder hier sein.

Erinnerung

Erwachender Tag

Früher Morgen. In den dunklen Baumkronen kündigt sich ein wenig Helligkeit an. Es ist meine Stunde. Ich trete in die Tür. Frische, klare Luft empfängt mich, und das vertraute, dunkle Brausen. Das Meer. Über mir starren die nächtlichen Äste der Kiefern, dunkel in den Himmel gezeichnet. Einzelne Wolkenstreifen, von einer Ahnung kommenden Lichts berührt.

Hinaustreten also zu dem erwachenden Singsang der Vögel, der Tauben, der Rotkehlchen, der Meisen. Es ist die Zeit, mit den Büschen zwischen den Stämmen der Kiefern, die eine Nacht lang auf diese Stunde gewartet haben, nun ein paar Worte auszutauschen. Ein japanischer Dichter hörte:

»Unter dem Blätterdach eines Baumes
sitzt ein Busch und singt.«

Manchmal höre ich es auch. Die Büsche sitzen verstreut unter den dunklen Kronen der Bäume und singen. Im trockenen Dünensand unseres Gartens, in dem sie kaum Nahrung finden, haben wir ihnen, der Stechpalme, dem Oleander, dem Lorbeer, dem Bambus und den vielen anderen einen Platz freigemacht – und sie leben. Ich höre ihnen zu. Komme zu jedem von ihnen, wenn es heller wird. Sehe, was dieser an Knospen treibt, was dem anderen fehlt und was ich für den dritten tun kann. Rede mit ihnen. Nicht nur, weil ich noch immer der leisen, heiteren Meinung bin, der ich als Kind war, sie könnten hören, was ich sage, und sie gäben mir ihre Antwort, wenn ich nur achtsam genug aufmerkte, sondern auch deshalb, weil ich mich selbst in ihnen wiedererkenne, als ihr Verwandter in der großen Familie der Erdlinge. Hätte ich ein wacheres Ohr, so könnte ich wohl auch ein wenig von dem Rauschen hören, dem leisen Knistern, das doch entstehen muss, wenn ein Halm oder eine Blüte sich irgendwo aus einer Knospe lösen.

Während die Sonne höher steigt und die Schatten an den Stämmen tiefer rücken bis hinab ins dichte Moos und während die Glut am Rand der frühen Wolken allmählich verlischt, kommen meine besonderen Freundinnen mit ihrem vertrauten Gebrumm und dem weichen, dunklen Fell aus der Erde, die Hummeln, auf der Suche nach den Blüten der Taglilien oder der Mimosen. »Kleinweis'«, wie man bei uns zu Hause sagte, sammeln sie das Glück, wie es auch uns Menschen zugedacht ist, als Grundnahrung unserer Seele.

Und so stehe ich im frühen Licht und beobachte Gott dabei, wie er die Lebensgemeinschaft des Gartens allmählich aus dem Schlaf holt oder wie er mit den ersten Schmetterlingen von Zweig zu Zweig unterwegs ist.

*

Es mag sein, dass Gott ursprünglich etwas anderes aus mir hatte machen wollen. Vielleicht einen der Bäume am Rand des Gartens oder eine der Spechtmeisen, die an den Stämmen auf und ab laufen. Oder vielleicht auch eines der wunderbaren Wildschweine in irgendeinem Wald. Mindestens wirkt es auf mich bis heute ein wenig merkwürdig, dass ich zu der seltsamen Außenseitergattung im großen Netzwerk gehören soll, die man die Menschheit nennt.

Was immer mir jedenfalls durch die Seele geht oder durch das Herz, es riecht nach regennasser Erde. Nach Wind. Nach Holz. Nach dem Rauch aus dem Schornstein unseres Hauses. Ich spüre mich selbst immer dort am genauesten, wo ein Meer rauscht und der Wind seinen kräftigen Geruch mitbringt, wo Sand oder Gestein unter meinen Füßen ist und damit etwas, das um Jahrmilliarden älter ist als mein kleiner Kopf. Von allen Seiten höre ich die Dinge über meinen anmaßenden Menschenverstand fröhlich spotten. Ich höre das farbensprühende Gelächter der Schmetterlinge über uns schwere Menschen. Ich kann mir denken, dass die Bäume sich einen Ast lachen über die Namen, die wir ihnen beilegen und die nur zeigen, dass wir von ihren wirklichen Namen nichts wissen. Nein, wir wissen wirklich nichts. Vielleicht, im besten Fall, wissen wir nur, was alle anderen und auch wir selbst noch zu lernen hätten.

*

Und was wohl der Sinn der einzigartigen Musik sei, die aus Vogelhälsen kommend den frühen Wald füllt, habe ich mich oft gefragt. Dass es nur Signale der Selbstbehauptung seien, nur der Revierschutz gegenüber der eigenen Art, die sich darin ausdrückten, und dass dies alles sei, kann ich nicht glauben. Dass die Zaunkönige Gott preisen, ist gewiss ein menschliches Missverständnis. Aber was dann? Vielleicht preisen sie einfach ihren Lebenswillen und ihre Lebenskraft? Vermutlich werden wir es nicht ergründen. Aber wir können diesen kleinen Wesen dafür danken, dass sie unserem menschlichen Lebenswillen so vielstimmig aufhelfen, wenn es gilt, in einen Tag zu erwachen.

*

Es wird Zeit, hinunterzugehen ans Meer. Als Dschuang Dse, der chinesische Taoist, vor 2400 Jahren unterwegs Yüang Feng begegnete, rief der ihm zu:

»Wohin des Weges?«
»Zum Meer«, gab Dschuang Dse zur Antwort.
»Was tust du dort?«, fragte Yüang Feng.
»Was ich dort tue?«, rief Dschuang Dse zurück:
»Nichts. Ich gehe hin, mich an ihm zu freuen.«

Ein Blick auf das Gezeitenblatt an der Wand. Es sind noch zwei Stunden bis zur Spitze der Flut. Ich kann noch ein Stück weit auf trockenem Sand gehen. Mein Weg führt mich durch den lichten Wald hinunter, vorbei an Stechginstern und Mimosen, von dort über offene Heide dem stärker werdenden Brausen zu. Dann über die vordersten Dünen hinunter an den Strand. Das Meer tut sich auf. Stehen bleiben und durchatmen.

Unten am Strand die vertraute Szenerie. Wasser, blau und grün, in Streifen gemustert bis zum Horizont. Wechselndes Grau. Eine Fläche aus Sand, nass von den heraufspielenden Spitzen der Wellen. Wind, vom Land her sanft wehend. Dünen, karg begrünt. Ein paar Baumspitzen darüber sichtbar und zart ein leicht bewölkter, farbiger Morgenhimmel. Und dann – es ist wie ein großes Fest – wirft die Luft das Licht ans Ufer, als wäre es eine Wolke aus Feuer, und bricht eine starke, klare Sonne über die noch träumende Welt herein wie ein Weckruf. Und es macht mich glücklich zu denken: Noch werden viele Morgenröten aufgehen, die bisher nicht gefeiert wurden.

*

Ich denke zurück. Es war in der syrischen Wüste. In der Nacht brach ich auf und wanderte unter den Sternen einem steilen Felsenberg zu, durch Sand und Geröll. In der vollkommenen Stille, die heute fast nur noch die Wüste kennt. Als ich oben stand, zeigte ein blasser Schimmer die Richtung an, in der die Sonne aufgehen sollte.

Danach stand ich zwei Stunden lang dorthin gewendet, wo das große Schauspiel, der große Einbruch geschehen sollte. Kaum eine Farbe, die nicht irgendwann wie ein Schleier über den Himmel ging oder in einer flüchtigen Bewegung über den Horizont. Blau, grün, rot, gelb, orange, violett und wieder rot und grau in einem zauberischen Spiel. Dann fielen die Farben in sich zusammen, und sie kam. Die Sonne! Kein Laut in der grenzenlosen Weite. Außer dem Gesang der Sonne, den die Ohren nicht, wohl aber die Augen hören. Das Wunder eines Anrufs, der alle Sinne trifft und der eindringt in die Tiefe der Seele ebenso wie in die letzte Faser des Körpers.

»Licht ist das Kleid, das du anhast.« Wie tief begreiflich, dass die alten Völker in der Sonne eine Gottheit sahen und dass die Psalmen, nicht fern von dem alten Glauben, in ihrem Licht wenigstens noch das »Kleid« Gottes erblickten, in das ihnen sein Geheimnis verhüllt war. Mancher Christ, der die Sonne für einen Himmelskörper hält und sonst nichts, empfindet heidnischer als jene Alten, die vor ihr auf die Knie fielen.

Schließlich war sie da, heller, als für die Augen gut war, und hob sich langsam vom Horizont. Es begann ein Tag, an dem sie wie ein glühender Ofen über der Wüste stand, heißer, als Mensch und Tier ertrugen. Feuer über den Sanddünen, Feuer über den heißen Felsen. Feuer, in dem der ganze Körper mitglühte. Licht, das Feuer war. Feuriges Element des Himmels.

Ich weiß, dass viele Menschen irgendwann einen solchen Augenblick erleben, den Anprall einer Wirklichkeit, die deuten zu wollen den Sinn ihres Kommens verfehlt. Sie entdecken dabei vielleicht zum ersten Mal ihr eigenes Herz und wissen zugleich, dass dieses Herz gefordert ist. Und mancher entdeckt dabei, hier stehe sein ganzes Leben bis in sein Alter hinauf auf der Waage, zugleich aber sei keine Zeit, abzuwägen, was zu tun sei.

Das Feuer will gewählt sein. Es will sich ausdrücken in einem ausgreifenden Leben. Es will schmelzen, was fest ist. »Ich bin der Herr, dein Gott«, hörte Mose aus der Blitze zuckenden Wolke. Er stand im Feuer, und das Feuer machte ihn selbst zum Brand.

Sich »orientieren« heißt, sich nach Osten wenden, dem Orient zu, aus dem das Feuer aufbricht. Hat nicht Jesus gesagt: »Ich bin gekommen, um auf der Erde ein Feuer anzuzünden, und was könnte ich heißer wünschen, als dass es brennte!« Mir scheint manchmal, er sei selbst ein Gesang aus Feuer gewesen.

*

Nicht jeder Tag erlaubt uns, die Flügel der Seele zu rühren, uns wie eine Flamme von der Erde zu lösen. Aber wenn im Licht des ersten Morgens der Geist Gottes wie ein Windstoß über die Dünen kommt, gilt es zu fliegen. Sich tragen zu lassen, Geselle zu sein und Nachbar von Möwen, Raben und Strandläufern. Der Augenblick springt mich an und fragt mich: Bist du eigentlich wach genug zu fliegen – oder hantierst du nur auf der Erde vor dich hin, wie auch andere mit ihrer Hantierung genug haben?

Wenn mir ein Mensch gegenübertritt, so gebe ich die Frage weiter: Sehnst du dich noch nach etwas? Gehst du noch Träumen nach, Hoffnungen? Brennt etwas in dir? Hat deine Seele Flügel? Kannst du dich für etwas hingeben, an etwas von Herzen teilnehmen? Kannst du staunen? Wie viel Leben ist in dir? Wie viel Freiheit?

Und so gehe ich im überhellen Licht meinen Weg die Spur entlang, die der Rand der Wellen zeichnet, den Signaturen des Wassers folgend. Den Spuren der Triftströmung, den Wellenfurchen im Sand, den Rippelmarken, den unendlich phantasievoll gestalteten. Streifen, Wellenformen, Zeichnungen, wie sie im Feuer des starken Lichts aufglänzen.

*

Die Erfahrung von Nacht und Licht hat für mich sehr früh angefangen, elementar zu werden. Sie begann damit, dass meine Mutter starb, als ich zwei Jahre alt war, und dass ich dreijährig am Sterbebett meines Vaters stand. Da begann eine Zeit, gegen die ich mich mit allen Kräften wehrte. Mein Leben wurde für mich so etwas wie ein Leben in einem von fremden Mächten besetzten Land. Es wurde, so habe ich es empfunden, eine Veranstaltung, die mir feindlich war. Ich kehrte mich ab. Ich suchte den Abstand zu allem, was mich umgab. Zur Familie. Zu anderen Kindern. Zu allem, was irgendjemand von mir forderte.

Später flüchtete ich an jedem freien Tag in das wunderbare Waldgebiet unmittelbar bei unserer Stadt, in dem die Höhen der Schwäbischen Alb beginnen, die tief eingeschnittenen Waldtäler mit ihren Quelltöpfen und weißen Kalkfelsen. Dort streifte ich tage-, später wochenlang umher, saß auf den Felsen und träumte, schlief in den Höhlen. Mit der Wäscheleine von zu Hause kletterte ich die Felsen auf und ab.

Nichts hat mich als Kind und als Jungen so elementar geprägt wie dieses verschwiegene Land mit seinen Heiden und seinen Wachholderbüschen, die so einsam herumstanden wie ich selbst. Die Stadt und die Menschen waren mir fremd. Ich fand, es sei gut für die Bäume und für die Tiere, dass einer sie sah, sich bei ihnen wohl fühlte, mit ihnen lebte, sie liebte.

*

Ich muss es noch einmal schildern: Als ich einmal an einem hellen Abend auf einem Felsen saß und über die waldigen Hänge hinschaute, traf es mich plötzlich: Vor meinen Augen lösten sich die Bäume und die Berge und die wenigen Häuser auf. Alles wurde durchscheinend, als wäre es aus Glas. Die Bäume verloren ihre Dichte und ihre Konturen und wurden, als wären sie aus Licht. Aber das kam nicht von der Sonne. Es kam überall her aus dem Hintergrund des ganzen Landes.

So ist das also, durchfuhr es mich. Alles ist nur Vordergrund! Dahinter ist alles Licht! Unsere ganze sichtbare Welt tut nur so, als sei sie da! In Wirklichkeit fängt, was wichtig ist, erst dahinter an! Dorther werde ich wohl kommen. Dorthin werde ich eines Tages zurückfinden.

Es war alles so genau und so real, dass ich bis heute keinen Grund sehe, es aus der bedrängten Seele eines Kindes allein zu erklären. Es war alles so wirklich, wie sonst die Bäume sind. Danach, noch als ich schon erwachsen war, habe ich dieses Licht hinter den Dingen immer wieder gesehen und wusste: Das ist es, was an dieser Welt wirklich ist.

Ich weiß heute aus dem Umgang mit Kindern, dass viele durchaus von ähnlichen Erfahrungen wissen, meist ohne davon zu reden. Dass sie Blicke tun in das Land vielleicht ihrer Herkunft. Bei den meisten verblassen solche Erinnerungen im Laufe des Älterwerdens. Fast alle vergessen sie in den langen Jahren. Ich selbst hatte das Glück, dass es mich so tief traf, dass es mir haften blieb. Heute ist es mir eines der Zeichen, die mir deuten, was eigentlich wir Christen meinen, wenn wir von einer anderen Welt reden.

Nun gilt von allen großen Erfahrungen der Seele oder des Geistes, dass die Orte, an denen sie geschehen, wichtig bleiben. Es sind die Orte, von denen die Bibel redet, wenn sie sagt: »Zieh deine Schuhe aus! Der Ort, an dem du stehst, ist heiliges Land.« Ich habe diesen Felsen, auf dem ich das warme, das glühende Licht aus der anderen Wirklichkeit zum ersten Mal sah, seither im Laufe der Jahrzehnte immer wieder aufgesucht. Er ist mir zu einer Art Wallfahrtsort geworden, und ich war glücklich, wann immer ich dort oben saß. Ich wusste immer: Solche Erfahrungen sind etwas vom Gnadenhaften, das in einem Leben geschehen kann. Wir müssen sie heilig halten.

Und was ich auch weiß: Unsere Menschenseele hat eine Haut. Eine sensible. Eine aufmerksame. Diese Haut hat Poren. Sie ist eine Zone des Austausches zwischen dem, was in ihr ist, und dem, was über sie hinaus liegt und lebt. Und manchmal berührt etwas von dort draußen oder drüben diese Haut wie ein Streicheln oder dringt in sie ein und gibt der Seele eine Ahnung oder auch ein unbegründbares Wissen, dass sie begleitet ist und geführt.

Erstarrte Vergangenheit

In manchen Märchen oder mystischen Geschichten geschieht es einem jungen Mann, der in die Welt auszieht, dass ihm auf seinem Weg ein Untier begegnet. Ein gepanzertes, mit dem er es aufnehmen muss, will er weiterkommen. Ein Tier aus der Unterwelt. Ein Drache.

Wenn ich so die Wasserlinie entlanggehe, wird es mir plötzlich unmöglich, meinen Erinnerungen auszuweichen. Sie stehen vor mir, kantig, brutal, hart. Wie Drachen aus der Urzeit: Betonbunker deutscher Machart. Seit Jahrzehnten widerstehen sie dem Versinken im Sand mit der Härte und Starrheit von Mächten, deren Wille das Unglück ist. Runde Öffnungen an der Oberseite, in denen einst junge Menschen standen mit ihren Luftabwehrwaffen. Breite Mäuler an den Seiten für die schweren Geschütze. Hitlers Atlantikwall. Er hatte die Invasion einer Flotte von Alliierten an irgendeiner Stelle der französischen Küste befürchtet und ließ eine Kette von Bunkern und Panzersperren errichten, rund um Frankreich. Ein Denkmal gepanzerten Denkens, erbaut aus dem einfältigen Gehorsam ihrer Baumeister und aus dem erzwungenen ihrer stummen Kolonnen.

Wenn ich ihnen begegne, wie sie da mit ihren aufgerissenen Mäulern im Weg liegen, möchte ich mich aus aller Erinnerung in eine unberührte Morgenstunde davonstehlen, möchte ich irgendwo, wo ich sie nicht sehe, mich an eine Düne setzen und dem trockenen Gras zuschauen, wie es wächst. Mich von der Musik der Wellen und des Windes in Träume wiegen lassen.

Aber sie halten mich wach, die Ungeheuer. Noch immer strotzen sie von Wehrhaftigkeit. Junge Leute haben einige von ihnen mit bunten Farben bemalt, teils um sie zu verhöhnen, teils um zu sagen, was ihnen wichtiger ist als sie: der Friede, die Liebe, das Meer. Manches ist echte Kunst. Die Klötze wehren sich nicht.

Sie sind mir nicht neu. Vor rund fünfundsechzig Jahren sah ich sie über die lange Küste hin auf ihren Dünen stehen. Deutsche Soldaten standen in den offenen Oberseiten an ihren Schnellfeuerkanonen und winkten begeistert, wenn wir dicht über ihren Köpfen über sie hinwegflogen, in langer Reihe. Immer wieder führte uns unser Kurs die Westküste Frankreichs entlang, von den Flugplätzen der Gascogne zu denen der Bretagne.

Einst standen sie, zehn Meter oder mehr über ihrem heutigen Ort, wie Burgen auf den Dünen. Inzwischen wurde der Sand unter ihren Füßen weggewaschen, so rutschten sie, plumpsten oder sanken an die Stelle, an der sie jetzt liegen. Unempfindlich. Unzerstörbar. Ein Schiffbruch aus einer Zeit betonierten Jawoll-Sagens. Und so werden sie noch lange liegen, gewiss noch hundert Jahre, bis der Sand der Vergessenheit und die geduldige Arbeit der Wellen sie vielleicht einmal begraben haben werden. Solange sie sich aber da behaupten, so lange gehen sie mich an.

Wenn ich an ihnen vorbeigehe, sehe ich in Gedanken einen Zwanzigjährigen in der Montur eines Fliegers aus lange vergangener Zeit unten am Wasser gehen. Er steht und schaut und geht weiter. Es war die Zeit, in der wir alle miteinander dem übergroßen Kommissstiefel ausgeliefert waren, der Millionen meiner Altersgenossen und viele meiner Freunde mit einem vaterländischen Tritt ins Nichts stieß. In eine Rauchwolke aus verblasenen Zukunftsbildern vom herrlichen Deutschen Reich ließen wir uns auflösen. Manchmal empfand ich damals, wir seien eigentlich etwas wie der Sand, den eine ablaufende Flut mit sich nimmt. Am Ende Meerwasser.

Nach einer Weile löst sich der junge Mann im Dunst über dem Meer auf, und nur die harten grauen Klötze bleiben stehen.

Himmel und Meer

Das Element, das mich in jener Zeit trug und beflügelte, war die Luft. Der Raum. Die Freiheit. Die Erfahrung des Fliegens begann, als ich achtzehn war. Als ich einundzwanzig war, kam die Unendlichkeit des Meeres hinzu. Dieses Meeres. Ich hatte ja ein unerhörtes Privileg zu genießen.

Mein ältester Bruder marschierte zu Fuß durch den russischen Winter nach Stalingrad und wurde schwer verwundet mit der letzten Maschine, die den tödlichen Kessel verlassen konnte, aus der Umklammerung durch die Rote Armee herausgeflogen. Mein zweiter Bruder verblutete in desn Ardennen, in der Drecklinie, wie wir sagten. In der Scheußlichkeit des Kampfes in den Löchern der Erde. Mein jüngster Bruder ging damals in die Gefangenschaft. Und ich – durfte fliegen!

Fliegen! Welch ein Zauber! Am Himmel sein! Luft fühlen! Wind! Die Wildgänse, die die Küste entlang nach Süden zogen und wieder nach Norden, zu Nachbarn haben! Und unten das weite, tiefblaue Meer! Ein Indianer, N. Scott Momaday, beschreibt ungefähr, was mich damals erfüllte:

»Ich bin eine Feder am hellen Himmel …
Ich bin der Adler, der mit dem Wind spielt …

Ich bin der fernste Stern.
Ich bin die Spur des Mondes auf dem Wasser …
Ich bin der Keil der Wildgänse,
die am Winterhimmel ziehen,
ich bin der Traum, der all das umschließt …«

*

Ich war einfach glücklich. Zumindest anfangs. Was ich immer gewusst hatte, die einfachsten Dinge waren plötzlich überraschend wirklich. Die Luft trug. Die Luft! Es gibt sie wirklich. Über blendend hellen Wolken das Licht. Es strahlt wirklich! Ich war nirgendwo und überall. Ich hätte damals gerne irgendwem gedankt. Aber da war niemand, den ich hätte anreden können. Gott war noch sehr fern. Wenn ich danach freilich auf der Erde wieder ankam, so bedankte ich mich bei meinen »Schutzengeln«, unseren wunderbar zuverlässigen Motoren, von denen mich nie einer im Stich ließ, mit einem zärtlichen Streicheln ihrer Haut.

Aber vielleicht hatte ich auch einen Schutzengel, ich meine einen wirklichen, der seinen Beruf so ernst nahm, dass er Überstunden nicht scheute. Ich würde ihn gerne kennen lernen, falls er irgendwo in der geistigen Welt lebt. Mit ihm Schach spielen, jetzt, wo er nur wenig mehr zu tun hat. Ich möchte können, was er in seinem Beruf als Engel können muss: sich leicht nehmen.

Ich flog durch den Regen und schaute in die schimmernden Spiegelungen der Sonne in den Wolken. Ein Regenbogen wölbte sich rund und groß. Nicht halbkreisförmig, wie ich ihn von der Erde her kannte, sondern rund und vollkommen. Nicht halbiert durch den Horizont des Betrachters auf der Erde. Denn was wir halb sehen, muss nicht halb sein. Es ist vollkommen, sobald wir unsere Erde verlassen.

Der kreisrunde Regenbogen traf mich damals wie eine Offenbarung: So also ist das! Wenn einem die kleinteilige irdische Wirklichkeit nicht die Hälfte davon verbirgt, ist er groß und rund. Die Welt ist nichts Halbes. Sie ist nicht teilbar. Wenn wir das Ganze sehen, ist alles Licht. Die Welt ist ein großes Ganzes zwischen Geist und Ding, zwischen Gott und Mensch, zwischen den ängstlichen Herzen irdischer Geschöpfe und dem All. Was sollte aus dem großen Zusammenhang herausfallen? Um den hellen, großen Ring zog sich ein zweiter, als wolle er wiederholen: Ja, so ist es. So ist das auch mit deinem eigenen rätselhaften Dasein gemeint. Und so blieb mir der Regenbogen durch mein ganzes Leben ein offenbarendes Bild der Wirklichkeit. Ich habe dabei gelernt, auch das, was mir halb oder fragwürdig oder feindlich scheinen wollte, in ein Ganzes einzufügen, in dem alles gut war. Der Mystiker Jakob Böhme beschrieb den Regenbogen als das »Herz Gottes«, als Symbol für die Einheit von Gott und Welt.

Es war ein Lebens- und Weltgefühl, wie es der alte hermetische Spruch ausdrückt:

»Himmel oben – Himmel unten.
Sterne oben – Sterne unten.
Alles, was oben ist, ist auch unten.
Das fasse und sei glücklich.«

Es war eine neue Erfahrung von Welt und Wirklichkeit. Das ist es!, rief es oft in mir, wenn ich mich irgendwo zwischen gigantischen Wolkentürmen wiederfand. Das ist die Wahrheit! Die Wirklichkeit! Der Zauber! Das Leben selbst!

Ähnlich empfand wohl John Magee, ein Amerikaner, von dem ich nichts weiter weiß:

»Den zähen Fesseln der Erde
bin ich entronnen,
die Himmel hab' ich durchtanzt
auf silbernen, lachenden Schwingen,
zur Sonne bin ich gestiegen
im fröhlichen Taumel lichter Wolken –
hundert Dinge hab' ich getan,
die keiner wagt zu träumen:
mich geschaukelt, gewirbelt, gedreht
in sonnheller Stille hoch oben …

Hoch, hoch im weiten, rasend brennenden Blau,
wo Lerche nicht noch Adler flog,
hab' ich die Höhe leicht bezwungen.
Und während ich, mit still erhobenem Geist,
das nie betretene Heiligtum des Alls
durchmaß – da streckt' ich aus die Hand,
das Antlitz Gottes zu berühren.«

Manche wohlgeschulten Theologen werden von Hybris reden, also einer besonders verwerflichen Art Sünde, wo einer »das Angesicht Gottes berührt«. Nun wohl. Wer indessen weiß oder ahnt, wie es sich anfühlt, wenn er über sich hinausgerissen wird, weiß auch, dass Ekstasen dieser Art zu den reinsten Erfahrungen gehören, die einem Menschen geschenkt werden können. Was dabei zu gewinnen ist, das ist die Erfahrung, dass die Welt ebenso in mir ist, wie ich in ihr bin. Was ich schaue, bin ich, und ich kann nur schauen, was schon in mir ist. In jedem Ton oder Klang finde ich mein eigenes Ohr. Ich bin selbst alles, was ich schütze, aber auch alles, was ich bekämpfe oder zerstöre. Was ich liebe, was mir groß und heilig ist, alles hat seine Spiegelung in mir. Diese Weise, meine Welt zu sehen und mit ihr umzugehen, habe ich mein Leben lang versucht zu bewahren, und in dieser Weise sehe ich heute, als alter Mann, hinüber in die andere Welt.

*

Ich rede hier so, als ginge ich meine Wege am Meer allein. In Wahrheit ist sie immer an meiner Seite. Sie ist es, seit sie mir, dem Achtzehnjährigen, unter ihrem liebenswerten Mädchennamen Heidi zum ersten Mal, fünfzehnjährig, gegenübertrat. Aber ich mag nicht von dem erzählen, was sie bei unseren Wanderungen erfährt oder empfindet. Sie ist ein eigener Mensch mit ihrer eigenen inneren Welt und ihrer eigenen Nachdenklichkeit. Was sie nicht selbst erzählen will, bleibt darum in der Verschwiegenheit.

Zum anderen ist ihre Nähe so selbstverständlich, dass ich von ihr nicht sprechen muss. Ohne viel zu reden, sind wir unser Leben lang weite Wege zusammen gegangen. »Schau! Dort!«, sage ich irgendwann. »Hörst du das?«, fragt sie. Nicht viel mehr. Wir wissen einander auch im Schweigen. Sie liebt das Unauffällige, und was ihr wichtig ist, kommt aus der Verborgenheit eines sehr stillen Menschen. So möchte ich sie auch in den Betrachtungen dieses Buches einer geschützten Unsichtbarkeit anvertrauen, auch wenn es kaum einen Gedanken ausspricht, der seine Farben nicht auch von ihr gewonnen hätte.

Opfer und Täter

Die einfache Begeisterung jedenfalls trug damals nicht weit. Um uns her war Krieg und wir hatten einen tödlichen Auftrag. Der Tod musste von uns ausgehen und er musste uns treffen. Ich kann heute nicht an der Küste dieser Bucht, der Biskaya, stehen und vor dem überglänzten Meer, ohne sofort ganz andere Bilder vor Augen zu haben. Eines Tages, es war im Frühling des Jahres 1944, suchten wir 200 Seemeilen vor der Küste nach Überlebenden eines gesunkenen U-Boots. Als wir die Stelle erreichten, trafen wir auf einen weit überlegenen Verband von amerikanischen Jägern. Ich muss das noch einmal erzählen, sonst versteht niemand, was mich an dieses Ufer bindet.

Einer von ihnen erschien plötzlich dreißig Meter hinter uns und beschoss uns aus seinen zehn Kanonen. Ich sah den Piloten genau. Es war ein dunkelhäutiger Amerikaner in einer weißen Fliegerhaube; mit einem breiten Lachen quittierte er seinen Erfolg. Kaum länger als eine Sekunde sah ich ihn sitzen, dann explodierte seine eigene Maschine unter dem Beschuss eines der Unseren.

Unser Flugzeug ging in Flammen auf. Wir stürzten, in Feuer eingehüllt. Mir war klar: Das ist das Ende. Unter Wasser fand ich mich wieder, orientierungslos in der Finsternis nach der Oberfläche suchend. Mir war klar: Hier kommst du nicht mehr heraus. Dann tauchte ich auf und fand mich in Sturm und Wellen wieder. Mir war klar: Hier findet dich keiner. Aber dann geschah der ganz unwahrscheinliche »Zufall«: Ein Schiff fand mich nach Stunden. Rettung. Heimfahrt. Es war ein einziges Ritual einer Initiation in die elementaren Mächte Feuer, Wasser und Sturm. Und die Ahnung einer bewahrenden Hand.

*

Die damalige Erfahrung hat mich stärker geprägt, als ich durch lange Strecken meines Lebens gemeint habe. Sie hat in mir sofort und unüberhörbar die Frage geweckt, wie es denn komme, dass ich ohne weiteres bereit war, jenen jungen Schwarzen, der mich abschoss, als meinen Feind anzusehen. Was war an ihm anders als an mir? Was war an den Befehlen, die er befolgte, anders als an den Befehlen, die ich zu befolgen hatte? Könnte er nicht mein Freund gewesen sein?

Was mir blitzartig klar war, war dies: Du glaubst, für irgendetwas Gutes gegen irgendetwas Böses zu kämpfen. Das gibt deinen Bemühungen Sinn und Recht. Irrtum! Das Böse und das Gute verteilen sich gleichmäßig, wo immer Menschen am Werk sind. Es ist alles in dir selbst. Die dunkle Ikone des Menschengesichts in der weißen Fliegerhaube blieb mir eingebrannt. Sie blieb der dunkle Kern einer neuen Sicht der Welt. Als ich später davon hörte, wir erkennten Gott in den Gesichtern der Menschen, da begann ich sofort zu ahnen, ich hätte im Grunde hier zum ersten Mal das Gesicht Gottes gesehen.

*

Während ich so das Ufer entlang gehe, in meine Erinnerungen versunken, wird das Meer allmählich dunkler. Ein Regen kündigt sich an. Ich suche mir einen Platz an der Seeseite einer Düne und sehe den Wolken zu. Die wandern, dicht und schwer. Wind kommt auf. Es wird kühl. Und ich erinnere mich.

Uns Jugendlichen, die eigentlich erst anfingen, erwachsen zu werden, uns Kindern, müsste ich zutreffender sagen, war ja eine Zeit harten Lernens verordnet. Unsere Lehrer waren eine brutale Ideologie und ein Krieg. Das Programm, dem wir nachzukommen hatten, hatte drei Stufen. Erste Stufe: Lerne gehorchen! Zweite Stufe: Lerne töten! Dritte Stufe: Lerne sterben!

*

Gehorsam also hatten wir zu lernen. Schon lange vorher. Kaum, dass wir zehn Jahre alt waren, wurden wir den Jugendorganisationen des Hitlerreiches einverleibt. Vor der Front stand ein vierzehnjähriger »Führer«. In Berlin regierte der große. Beide forderten Gehorsam, als wäre es selbstverständlich. In derselben Zeit hörte ich von meinem gestrengen Pfarrherrn, Gott fordere Gehorsam. Ein Christ zeichne sich dadurch aus, dass er gehorche. Die Kirche hat mir damals kaum je etwas anderes gezeigt, als der totale Staat es getan hat. Gott stand vor der Front und kommandierte.

Für mich selbst aber war Gott in meiner Kindheit insgeheim immer etwas anderes gewesen. Einen lichten Hintergrund hinter den Dingen ahnte ich. Eine gütige, behutsame Nähe. Nein, Gott wollte ich nicht als Befehlsempfänger gegenüberstehen. In ihm wollte ich zu Hause sein. Später wurde mir klar: Mit der Forderung nach »Gehorsam« war dem Glauben ein Gift beigemischt, das mehr aus der Küche des deutschen Untertanengeistes kam als aus dem Geist des Evangeliums.

*

Das Töten sollten wir lernen. Aber wie lernt man das? Man erschafft Feinde und glaubt an ihre Feindschaft. Wer das nicht lernte, hatte als Soldat im Reich Hitlers keine Überlebenschance. Man zeigte uns die Achse des Bösen. Diese verlief zwischen Russland, England und den USA. Die Völker dieser Achse wollten uns töten, also töteten wir. Und die meisten der Christen, die unter uns waren, hatten nichts dagegen.

Uns Jagdfliegern war es noch leicht gemacht. Wir warfen keine Bomben. Wir schossen niemals auf Menschen, sondern immer auf Flugzeuge. Auf hübsche, kleine, schnelle Flugzeuge. Ein Gewissen brauchte man dafür kaum. Der einzige Mensch, der mir persönlich als Feind gegenüber war, war jener Amerikaner mit seinem dunklen Gesicht in seiner weißen Fliegerhaube.

Heute ist uns klarer, als es damals sein konnte, auf welche Weise der Tod die Weltszene beherrscht. Woher kommt denn dieser Zwang, dieser Wille zum Töten? Aus Neid, Eifersucht, Zerstörungsdrang, Angst, Machtwillen, Besitzgier? Und wie lauten die Begründungen? Selbstverteidigung. Ehre. Ein großartiger Traum von einem hohen Ziel. Und wie werden sie zur Sprache gebracht? Durch Diplomatie. Durch Propaganda, Lügen, Phrasen, Fälschungen. Denn alle Kriege beginnen mit Lügen. Alle Siege werden mit Lügen gefeiert. Alle Niederlagen werden mit Lügen geschönt. Und die Gegenkraft? Der Protest, der Widerstand? Er entsteht in der Wachheit derer, die klar sehen.

*

Das Sterben lernten wir auch. Als ich zu meiner Staffel kam, sagte man mir: Wenn du Glück hast, überlebst du sechs oder acht Wochen. Merkwürdig – darin lag nichts Ängstigendes. Es war eben so. Was sich in Kopf oder Herzen rühren wollte an Erwartung eines späteren, langen Lebens, strich man aus. Und nur, wenn man sich einem Traum überließ, konnte man an ein Mädchen denken, mit dem man eines Tages glücklich sein würde. Den Tod der Kameraden vergaß man nach wenigen Tagen. Es waren zu viele. »Du bist nichts, dein Volk ist alles«, das hatten wir gelernt, dem stimmten wir zu. Wir hüllten uns natürlich in einen selbst geschaffenen Nebel, wenn wir meinten, wir fürchteten uns nicht vor dem Tod. Wenn wir nicht flogen, sondern auf der Erde standen, kam, sozusagen von hinten, das Grauen.

Im »Stundenbuch« von Rainer Maria Rilke, jener genialen Schrift eines jungen Mannes, der, als er sie schrieb, so alt war wie ich damals, las ich hingerissen. Und da war zu lesen:

»Und so, mein Gott, ist jede Nacht;
immer sind welche aufgewacht,
die gehn und gehn und dich nicht finden.
Hörst du sie mit dem Schritt von Blinden
das Dunkel treten?
Auf Treppen, die sich niederwinden,
hörst du sie beten?
Hörst du sie fallen auf den schwarzen Steinen?
Du musst sie weinen hören; denn sie weinen.«

Denn es war ja nicht so, dass wir unseren »eigenen Tod« sterben konnten, wie Rilke sich wünschte. Wir waren nicht fertig zum Tod. Man drehte uns einfach durch die Mühle, und wir waren nicht mehr.

Das also waren wir. Das war das Ziel unserer Erziehung gewesen, dass wir diese drei Merkmale in uns vereinten: das gehorsame Werkzeug zu sein eines fremden Willens. Der Täter, der ohne Gewissen auskam. Und am Ende das wertlose und entbehrliche Wegwerfpaket.

Bleibende Last

Wenn ich heute am Strand des Atlantik stehe, das lichtglänzende Meer vor mir, dann sehe ich sie alle auf seinem Grund. Die vielen Toten. Seit nun fünfundsechzig Jahren liegen sie, zweitausend oder dreitausend Meter tief in schwarzer Finsternis, in den Trümmern ihrer Flugzeuge, zwischen Motoren und zerrissenen Flugzeugbeinen, bei einer Wassertemperatur von einem oder zwei Grad. Kein Stein schläft über einem ihrer Gräber. Nur die Last von zweihundert Atmosphären Wasserdruck, bleischwer und tot. Sie wissen nichts. Sie kommen nicht wieder. Sind sie dort? Oder wo?

Sind sie ganz anderswo, vielleicht dort, wohin ich weiterzugehen hoffe, wenn mein Weg auf dieser Erde zu Ende sein wird? Ich sehe sie noch vor mir. Ich spüre noch ihre Nähe. Und wenn mich ein Windhauch vom Meer her trifft, dann gehen sie durch mich hindurch und reden. Erinnerungen dieser Art lassen sich nicht in Zeitungspapier wickeln und entsorgen. Sie reden, und sie reden deutlicher zu dem, der alt wird.

Wer etwas wie Verstand hat, muss wach bleiben. Verstand war damals und ist heute gefährlich. Es war mir manchmal, als versuchten wir Menschen, immer wieder anders, eine Notlandung auf einer Wolke und schlügen durch bis auf die harte Erde.

Rilke schreibt:

»Ich denke oft: Schatzhäuser müssen sein,
wo alle diese vielen Leben liegen
wie Panzer oder Sänften oder Wiegen,
in welche nie ein Wirklicher gestiegen,
und wie Gewänder, welche ganz allein
nicht stehen können und sich senkend schmiegen
an starke Wände aus gewölbtem Stein.«

*

Das Wetter kommt näher. Aus dichten Wolken beginnt es, auf die Windjacke zu schlagen. Die Erinnerung lässt mich nicht los. In mehr als hundert Gedichten schrieb ich mir damals mein Elend von der Seele. Manche davon besitze ich noch. Sie haben nichts an sich von dichterischem Wert oder Rang. Aber das ist nicht das Wichtige an ihnen, wie es überhaupt nicht das Wichtige ist an den Gedichten, die sich so viele junge Menschen wie einen Spiegel vor die Seele halten, indem sie schreiben.

*

Es war die Zeit der Helden. Aber mir wurde alles Heldentum in seiner dummen Brutalität immer verhasster. Und der »Heldentod«, von dem man damals redete, wandelte sich mir aus der großen Gefahr in das große Wunschziel, auf das ich zuging, teils sehnsüchtig, teils zornig, ein nicht gelebtes Leben abzuwerfen.

Aber wo war etwas wie Rettung aus dem brutalen Handwerk, dessen Täter und dessen Opfer man war? Musste man nicht ganz anders sprechen können als mit der Sprache der Waffen, wollte man fassen, was das Leben wirklich ausmacht, was es sinnvoll macht, was sein Geheimnis ist? Unser Tag- und Nachtwerk bestand ja darin, möglichst gefährliche Macht darzustellen. Möglichst viel zu zerstören. An einem Abend waren es einmal, es war vor der afrikanischen Küste, sechs oder acht Schiffe, die vor unseren Augen in Flammen aufgingen und versanken.

Man nannte den Flugzeugtyp, den wir damals flogen, »Zerstörer«, und wir gehörten zu einem »Zerstörergeschwader«. Was mag es für ein Leben bedeuten, dass es in ihm einmal eine Phase gegeben hat, in der man, sozusagen im Hauptberuf, ein Zerstörer gewesen ist?

*

Meiner Generation ist nicht die »Gnade der späten Geburt« verliehen, sondern die Erinnerung an ein gespaltenes Bewusstsein, die Erinnerung an eine Jugendzeit voll Begeisterung für das kommende Reich und voll Hass gegen dasselbe, das unverwechselbar ein deutsches war und dessen offenkundige Mitläufer, Mitschwärmer wir gewesen sind, vielleicht gar Mithelden. Genug, mit der Widerlegung der eigenen Jugend die Wahrheit eines ganzen Lebens auszusprechen.

Gewiss, wir haben dem Bösen ins Gesicht gesehen. Wir haben seine Gewalt erfahren und unsere eigene Wehrlosigkeit zugleich. Und wenn wir etwas dabei gelernt haben, werden wir in den Menschen immer eher die Opfer als die Täter des Bösen erkennen. Wir werden das Böse im Blick behalten bis an unser Ende. Wir werden es benennen, bezeichnen, markieren, aber wir werden ihm nicht mehr die Namen von Menschen beilegen.

Während der Regen stärker wird und wir uns nach Hause wenden, ist mir sehr klar: Meiner Generation bleibt bis ans Ende unserer Tage nichts, als zu reden gegen das Unrecht rund um diesen Erdball. Zu schreien gegen jede Art Krieg. Zu trommeln gegen jede Art von Gewalttat. Uns bleibt nichts anderes nach Stalingrad, Auschwitz, Lidice und Oradour, nach Katyn, Hiroshima, Kabul und Bagdad und allem, was noch kommen will. Vielleicht bleibt uns nicht mehr viel. Aber dies bleibt.

*

Vor uns an der Wasserlinie ein Schwarm Möwen. Sie saßen dem Wind zugewandt. Sie drängten sich im Frieden an ihrem Platz im Sand. Wir versuchten, ihnen ein wenig auszuweichen und uns möglichst ruhig zu bewegen, damit wir sie nicht störten. Aber unsere Bewegungen waren trotz aller Vorsicht noch so rasch, dass ein Erschrecken durch die Versammlung ging. Mit einem Schwirren flogen sie auf. »Entschuldigt!«, rief Heidi ihnen nach. »Wir Menschen sind leider immer die großen Störenfriede.«

Wir wandten uns über die Düne in das tiefer gelegene Gelände hinter ihr, in eine Mulde mit verstreuten Zwergsträuchern, die sich mühsam behaupten gegen den Wind und das Salz, das er mitträgt. Dünne Heide. Knüppelkiefern. Stechginster. Und sie alle zusammen sind die eine Welt in ihrer Zerbrechlichkeit, in ihrer Störbarkeit und immer lebendigen Kraft.

Prägungen

Frühe

Jeder Tag, den ich hier bin, hat einen festlichen Anfang: Hinaustreten in das frühe Licht. Alles begrüßen, was da lebt. Was schweigt. Was singt. Was blüht. Was an Regen vom Himmel fällt oder mit der Kraft des Windes unter den Baumkronen vorbeirauscht. In jeder solchen Morgenstunde erwacht etwas aus meiner Kindheit in mir und lebt auf.

Ich nehme manchmal in unserem Menschenleben eine eigentümliche Symmetrie wahr. Wenn unser Leben, »so es hoch kommt, achtzig Jahre« währt, dann liegt seine Mitte um das vierzigste Lebensjahr. Was einer also mit dreißig sich vorgenommen hat, muss er wohl mit fünfzig erreicht haben. Was einer mit zwanzig dachte, muss er mit sechzig zur Reife bringen. Was einer mit siebzig erinnert, wird seine stärkste Präsenz in der Zeit haben, als er zehn oder fünfzehn war. Und wenn ihm eine Gnade widerfährt, wird er mit achtzig wieder in dem Kind sein, das er einmal war.

Er wird nicht nur in seinen Erinnerungen mit seiner Kindheit spielen. Er wird wieder in dem Kind leben, das er einmal war, das er immer geblieben ist und in dem sich vollendet, was er in achtzig Jahren erfahren, gedacht und gewirkt hat. Für ein Kind ist die Welt durchscheinend, ihr Hintergrund ahnbar wie durch Glas. Und die Hoffnung des Altgewordenen wird sein, dass ihm am Ende diese Transparenz aller Dinge wieder vor Augen steht, in gelassener Erinnerung. Alles wird einfacher, wie ein Gang durch einen Garten oder durch einen morgenfrühen Wald.

*

Die englische Einsiedlerin Juliana von Norvich meinte in ihrem 14. Jahrhundert, es sei gut, wenn ein Mensch sich selbst gegenüber die Rolle des Gärtners übernehme:

»Sei ein Gärtner.
Grabe und hacke, mühe dich und schwitze,
wende die Erde um, suche die Tiefe
und gib den Pflanzen Wasser.«

Dass die Natur ebenso in mir wie um mich her lebt, dass die innere und die äußere miteinander im Gespräch sind, habe ich mir nicht als Erwachsener ausgedacht. Es ist eine Grundahnung, die mir in meiner Kindheit die Welt der kleinen Dinge, die ich im Gras antraf, zugespielt hat.

Ich bin auf einem ärmlichen Hof geboren, unmittelbar neben dem Kuhstall, und ich wäre gewiss, wären meine Eltern nicht früh gestorben, ein Bauer auf diesem Hof geworden. Meine Eltern hatten als ganz junge Leute vor fast neunzig Jahren, nach dem Ende des Ersten Weltkriegs, versucht, anders mit der Erde zu leben, als es üblich war. Mit mehr Ehrfurcht vor allem, was lebt. Sie suchten nach dem großen Morden Frieden, nicht nur zwischen den Völkern, sondern auch in der damaligen Notzeit den Frieden zwischen den sozialen Schichten, und sie verwirklichten ihre Träume in der Form einer urchristlichen Lebens- und Gütergemeinschaft von einigen Familien.

Sie gerieten in die Armut der zwanziger Jahre und scheiterten schließlich an ihr. Der Hof ging zugrunde. Beide Eltern starben an Auszehrung. Aber ohne dass ich als junger Mensch später von ihren Gedanken etwas wusste, hat dieser Hof, den ich mit drei Jahren verließ, mein Denken und Erfahren, meine Ziele und Wirkungsfelder auf das Nachhaltigste beeinflusst, und er tut es bis zum heutigen Tag. Wenn ich hier, in diesem Land der Kiefern und der Moore, in dem noch Vieles ist wie vor hundert Jahren, einen rostigen Pflug am Rande eines Feldes herumstehen und die Jahrzehnte verschlafen sehe, möchte ich nach seinen langen Armen greifen und auf seinem Acker zu Hause sein.

Was ich außer der romantischen Verträumtheit meines Vaters, der ein Wandervogel war und der als gelernter Gärtner so hart zu arbeiten wusste, mitgenommen habe auf meinen langen Weg, war der wagemutige Glaube meiner Mutter, die ihr Leben dafür hingab, dass etwas Konkretes geschehen konnte nach den Weisungen des Mannes aus Nazaret.

Und was mich von beiden her begleitet hat, war das Wagnis eines Wissens, dass es Wanderwege gibt, die nicht zu Ende gehen, jedenfalls nicht auf dieser Erde. Wege, die alles feste Land zurücklassen und über das Meer gehen, auf ein großes Ziel zu, als führten sie über sicheren Grund.

Ich habe meine Mutter nie in einem Grab gesucht, freilich auch nicht im »Himmel«, wohl aber überall, wo »Erde« war. Ob es die warmen Heidehänge der Schwäbischen Alb waren oder aber heute der Sand einer Düne ist.

Ich gehe zurück zum Haus. Der dunkle Gras- und Moosboden beginnt, als die Sonne ihn streifenweise erreicht, in Millionen Tautropfen zu glänzen. Es muss Perlen geregnet haben in der Nacht. Jeder Tropfen steht neben seinem Nachbarn, ohne sich mit ihm zu verbinden, und jeder spiegelt den ganzen Himmel mit seinem großen Licht. Mechthild von Magdeburg sprach davon, Gott komme zu der von ihm geliebten Seele wie ein Tau auf die Blumen.

Bei den nächsten Schritten streift mein Blick ein strahlend blühendes Kraut, das wir von einem Straßenrand in unseren Garten hereingeholt haben, die vollen gelben Nachtkerzen. Manche nennen sie »Unkraut«. Aber was heißt das? Als Unkraut bezeichnen wir Pflanzen, die ihren eigenen Willen mitbringen und ihn mit ihrer besonderen Vitalität durchsetzen, auch wo wir sie nicht haben wollen. Aber lieben wir doch diese unabhängige Kraft! Ich sage ihnen allen einen guten Morgen und freue mich, dass sie leben. Frühling und Sommer ist jedenfalls, wenn der Sternhimmel aus der Erde kommt.

Ein Schmetterling begleitet mich. Es ist, als wolle er mir mit seiner Leichtigkeit und seinem heiteren Tanz vor Augen führen, dieses kleine Stück Erde sei doch noch immer das Paradies. Das Wort »Psyche« heißt in seiner griechischen Urbedeutung »Schmetterling«. Die Seele also sei, so meint die Sprache, leicht und beweglich, taumelnd und schön und voll bunter Farben. Mit einem Staunen über die hohe Kunst des Spiels mit den Bildern der Sprache trete ich durch die Tür.

Suche nach dem Elementaren

Als kleiner Junge wanderte ich oft mit meinen Brüdern, barfuß, um die Schuhe zu schonen, den Weg von fast einer Stunde über einen Berg und hinunter an die Donau, wo mich das Glück empfing in der Gestalt eines lebendigen, fließenden, strömenden und wirbelnden Wassers, und wo ich an seinem Ufer lag wie einer der kleinen farbigen Kiesel, mit denen wir Dämme bauten, um das Strömen des Wassers zu verändern.

In der Nähe meiner Heimatstadt lag ein verwunschener See. Ich fuhr, als ich vierzehn war, mit dem Fahrrad drei Stunden und verbrachte dort einsame Tage und Nächte. In einer der offenen Feldscheunen auf den Uferauen schlief ich. Für ein paar Pfennige mietete ich mir einen Kahn für einen Tag, eines der schweren Fischerboote, die man mit der Stange schob. Zwischen Uferwiesen und Schilf, mit Blässhühnern und Enten zusammen, mit Rohrsängern und Rallen lebte ich, schaute und war glücklich.

Das Ufer in den Schilfwäldern ist seitdem, in den siebzig Jahren, weitgehend verlandet, wie sich auch andere Paradiese aus unserer modernen Welt verabschieden.

Im Unterricht zu Hause lernte ich, wer Gott sei, und ich habe mir, was ich mir unter ihm vorstellte, auf meine Weise übersetzt. Ich sah Gott in den Fischen und Vögeln, auch in Gras und Schilf. Ich sah ihn, wie er sich, mir voraus, in einem ähnlichen Kahn über den See schob. Ich hatte in der Schule von der Flöte des Pan gehört und stellte mir vor, wie Gott sich aus einem dieser Schilfrohre eine Flöte schneidet und wie er aus seiner Flöte alle lebendigen Wesen hervorgehen lässt. Wie aus seiner Flöte das Leben über das Wasser flattert. Wie sich Flügel heben. Wie die Sterne anfangen, sich im nächtlichen Wasser zu spiegeln. Wie alles Gottes Lied ist, klingender Wind aus Gott. Und alles eins.

Ich sah aber auch mich selbst so. Ich schob mich gemächlich als Fisch mit Schuppen und Flossen durch das klare Wasser. Ich versuchte erst gar nicht zu trennen, wo ich aufhörte und eine Ente anfing.

Ich rede hier von den Paradiesen meiner Kindheit. Ich habe nie den Wunsch empfunden, dorthin zurückzukehren. Sie bleiben schön und wahr in ihrer entschwindenden Vergangenheit. Aber dies wurde mir durch mein Leben hin immer deutlicher, es gelte, gegen das Ende meines Lebens hin diese Fühligkeit und dieses Vertrauen wiedergefunden zu haben, damit sich der Ring meines Lebens auf dieser Erde auf gute Weise zu schließen vermag.

Traumhafte Nächte, Jahrzehnte später, in schwedischen Wäldern an irgendeinem abgeschiedenen See. Ganze Nächte saß ich am Ufer, während die Sonne ihren lautlosen Weg den Horizont entlang ging. Kein Wind. Kein Ton. Spiegelungen des Himmels und der Bäume, verwehte Schleier morgendlichen Nebels. Hundert verschiedene Farben im Wechsel von Licht und Schatten, zwischen sanfter Nachthelle und höher steigendem Licht. Ich war nahe meinem Ursprung, meiner Herkunft aus der dunklen Tiefe, die doch nichts von Gefahr in sich hatte, sondern nur die Nähe einer Urkraft.

Den dunklen See sehe ich bis heute vor mir. Baumriesen, die sonst in der Erde wurzeln, stehen da über ihrem eigenen Spiegel, als beschauten sie sich selbst. Eine Welt von freundlichen Hexen und Trollen, dem zugetan, der nicht zufasst mit dem Griff des Täters oder dessen, der alles weiß.

*

Was uns beide immer auch verbunden hat, steht wie eine Kette großer Erfahrungen in unserer gemeinsamen Erinnerung. Es waren unsere vielen gemeinsamen Reisen in Gegenden dieser Erde, die noch etwas von »Urlandschaft« an sich trugen, es waren die Begegnungen mit dem Elementaren. Immer wieder waren wir miteinander unterwegs zu den Urvorgängen der Schöpfung und zu der schlichten und harten Wahrheit, deren Geltung unserem Leben das Gewicht gibt und die Kraft. Uns trieb die Suche nach dem, was wild wächst. Nach den Resten von Urzeit, die unsere Zivilisation noch eben übrig gelassen hat.

In einer der Wüsten des Nahen Ostens wanderten wir stundenlang durch eine glühende Schlucht. Plötzlich ein Rauschen. Wasser stürzt aus einer senkrechten Felswand. Frisches, klares Wasser! Von einem Schritt zum nächsten wandelt die Wüste sich in einen kleinen, grünen Garten. Blühendes Leben mitten im tödlichen Feuer.

Als ich einmal mit einem Beduinenkind, einem zehnjährigen Mädchen, und seinen Ziegen in einem staubtrockenen Wadi unterwegs war, bedeutete sie mir in Zeichensprache, sie müsse nun ihren Ziegen Wasser geben. Ich sah mich um, sah nichts als Sand und trockenes Gestein und deutete mit einer Handbewegung an, ich sähe keine Chance, hier Wasser zu finden. Da ging sie ein wenig hin und her, witternd wie ein Tier, blieb irgendwo stehen, nahm eine Schüssel und eine Blechbüchse aus ihrem Schultertuch, kniete auf die Erde und fing an, ein Loch in den Sand zu graben. Als es dreißig Zentimeter tief war, sammelte sich Wasser darin, und sie füllte die Schüssel. Die Ziegen kamen ohne Eile von allen Seiten an; sie hatten das

Wasser längst gerochen. Es war alles wie selbstverständlich.

Das Bild des kleinen Mädchens mit seiner Blechbüchse in der weiten Wüste ist mir geblieben. Einfach weiterziehen durch irgendein trockenes Wadi in dem Vertrauen, es werde Wasser da sein und man werde es finden. Und im Grunde war es ein Muster für unser ganzes Leben mit seinen vielen Wegen zu den Menschen. Mit ihnen durch ihre Wüsten gehen. Wahrheit suchen. Wahrheit wittern, von der sie leben können. Riechen, wo Leben ist. Das Leben aus den Felsen auffangen. Es aus der Stille hören. Es aus der Erde graben.

Die Wüsten waren durch lange Jahre meine große Liebe. Brennende, schattenlose Hitze. Einsamkeit. Lange, kalte Nächte lag ich unter dem klaren, harten Sternhimmel mit allen Sinnen wach. Im Sand ruhend oder zwischen Steinen. Täglich abhängig von meinem Vorrat an Wasser. Oft kein Partner für ein Gespräch außer dem eigenen Menschen. Wind. Sandsturm. Felsengebirge. Und am Morgen, beim Weitergehen: die Spur einer Schlange. Eine Pantherfalle, von den Nomaden angelegt.

Und dann weitergehen in der strengen Schönheit. In Gemeinschaft mit aller Kreatur. Sich ausatmen. Den Wüstenwind einsaugen. Alles ist unmittelbar. Wollte ich jemandem helfen, ins Meditieren zu kommen, so wollte ich ihn am liebsten in irgendeine Wüste mitnehmen. Trockene Wüsten sind Jungbrunnen für die Seele.

*

Oder hier, am kargen Ufer dieses Meeres. Es war ein Tag voll Licht. Eine Wanderung am Ufer entlang führte uns zu einer zwei Stunden entfernten vorspringenden Landspitze. Grün- und graustreifig lag das Wasser in der Windstille. Unter einer starken Sonne. Alles ist anders als an dem verwunschenen See meiner Kindheit. Der Glanz einer Wasserfläche unendlich hingebreitet. Kaum vorstellbare Tiefen eines Abgrunds. Und wir wissen: Dieses gewaltige Element ist auch in uns selbst. Nicht nur weil sein Salz auch in unserem Blut ist. »Seele des Menschen, wie gleichst du dem Wasser!«, staunt Goethe. Suchen wir nach unserem Wesen und nach unserem Ursprung, so wird unsere Seele tief in das blaue, grüne Element eintauchen.

Vielleicht war etwas von uns schon in der wundersamen Nautilus-Schnecke, die so wächst, dass sie jedes Jahr eine größere Kammer baut und bewohnt und gleichzeitig hinter sich die alte, verlassene zumauert.

Wenn wir aber, ganz anders, vor dem Wasser stehen, uns aufrichten und atmen, so atmen ja nicht wir. Es atmet in uns. Es atmet durch uns hindurch. Meer und Wind sind in uns. Wir sind in ihnen. So geht auch ein Atem durch alle Dinge. Durch jede Welle, die ankommt und sich in ihrem Aufschäumen mit dem Wind füllt, der ans Ufer kommt. Ein Ausatmen bringt sie hervor. Ein Einatmen bringt sie zu Ende. Ein Atem, aus- und eingehend in den kurzen Stunden, die die Welle über das Wasser wandert. »Tag und Nacht gehen die Ströme ins Meer und das Meer wird nicht voller«, wundert sich der Prediger. Tag und Nacht gibt es das empfangene Wasser zurück. Alles spielt auch in uns selbst. Alles berührt uns. Wir sind mit allem zusammen das Ganze einer atmenden Schöpfung. Meister Eckhart sagt uns:

»Wem Gott wirklich ist, der nimmt Gott göttlich
und dem leuchtet er in allen Dingen;
denn alle Dinge schmecken ihm nach Gott,
und Gottes Bild erscheint ihm aus allen Dingen.«

Alles ist Handarbeit Gottes. Nichts ist abgeschlossen. Alle Dinge der Welt liegen bildsam in seiner Hand. Schöpfung geschieht immer, Tag und Nacht. Auch in uns selbst. Schöpfung geschieht in dem Hund, der eifrig die Wasserlinie entlang läuft. In dem Kind, versunken in sein Sandspiel. In dem Kunstwerk, das das Wasser, der große Grafiker, in den Sand eingeschliffen hat, die Linien, die Kurven, die Treppen, die kleinen Flussläufe, die Schlangen, die Strahlen. Handarbeit Gottes. Der indianische Dichter Calvin O. John spricht aus, wie wir mit den Dingen umgehen, wenn dies wahr ist:

»Ein glänzender Stein am Wegrand.
So klein – und so schön.
Ich hob ihn auf. Er war so schön!
Ich legte ihn wieder zurück
und ging weiter.«

Hier rollen sie mit dem Tanz der Wellen über das Ufer auf und ab, die Steine. Rund und flach. Glatt. Rot und gelb und weiß. Klein, gemischt, groß. Ausgehöhlt. Zusammengesetzt aus vielerlei Gestein. Spielerisch rollend, sich trotzig festhaltend an irgendeiner Rille im Sand. Von den Jahrtausenden geschliffen.

Es gilt, die Dinge zu sehen. In die Dinge zu sehen. Durch die Dinge hindurch zu sehen. Hinter die Dinge zu sehen. Über die Dinge hinauszusehen. Das geht oft so, dass wir ihre Namen, diese seltsamen Etiketten, von ihnen ablösen. Ein paar Maschen eines Netzes liegen vor mir. Angeschwemmt. Warum sagen wir, dies seien Teile eines »Netzes«? Was soll der Name, dieser Aufkleber, außer, dass wir das Ding bezeichnen können? Denn zugleich verschließen wir es für unsere Augen. Sobald wir die Namen von den Dingen ablösen, werden sie zu abgründigen Rätseln. Und im Rätselhaften scheint etwas auf von ihrem Wesen.

Die kleinen Steine reden nicht. Sie tun, was wir Menschen öfter tun sollten. Sie hüllen sich ins Schweigen, in das kleine, zurückgenommene Schweigen von Kieseln. Sie zeigen damit, dass sie zu den Wissenden gehören. Ich sortiere ein paar von ihnen. Ich suche in ihnen Gestalten von geometrischen Figuren oder von Tieren oder Menschengesichtern zu erkennen. Der Phantasie steht nichts im Wege. Und so fangen auch sie an, mir nahe zu sein. Sie beginnen zu erzählen. Ich aber habe alle Augen voll zu tun.

*

Wir nähern uns dem Ziel. Auch dort, wo die Dünen ins Meer vorspringen, finden wir wieder ein paar der geistlosen Betonklötze. Im Schlick liegen sie herum. Hilflos in ihrer schrägen, aus dem Lot geratenen Lage. Aber sie sind überzogen von einer dichten Schicht grüner Muscheln. Jede von ihnen ein Spiel des Lichts in der runden, zerbrechlichen Kannelur. Wir versöhnen uns also mit der betonierten Feindseligkeit. Was so vielen lebendigen Wesen einen Ort zum Wohnen gibt, empfängt selbst einen Sinn und ein Lebensrecht im Ganzen des Lebendigen. Um dieser grünen Muschelsiedlung willen gaben wir diesem Landvorsprung den Namen »das grüne Eck«. Wir tasten die

Wände mit den so fremden Wesen mit den Händen und wünschen ihnen, dass nie ein Mensch auf die Idee kommen möge, diese Wände säubern zu wollen. Und wir gehen zurück den langen Weg durch das flache Wasser.

Schützende Kräfte

An einem kühlen Abend. Wunderbares Feuer im Glasfenster unseres Ofens. Kiefernzapfen, unerschöpfliche Fülle, die man unter den Bäumen nur zu sammeln braucht. Geruch von brennendem Holz. Mir geht durch den Kopf, wie denn damals, in jener finsteren Zeit, meine Seele versucht hat zu überleben. Woher nahm ich die Abwehrkraft? Die Dichter gaben mir viel davon. Sie gaben mir am Anfang den Schutz, der darin bestand, dass ich mich wie sie aus mir selbst heraus aufblähte. Mit glühender Hingabe habe ich nachgesprochen, was Goethe in seinen jugendlichen Träumen, als er etwa so alt war wie ich, mir vorgesungen hat:

»*Wen du nicht verlässest, Genius,*
nicht der Regen, nicht der Sturm
haucht ihm Schauer übers Herz.
Wen du nicht verlässest, Genius,
wird dem Regengewölk,
wird dem Schloßensturm
entgegensingen,
wie die Lerche,
du da droben!«

Mit solchen, auf jugendliche Weise Kraft spendenden Versen stellte ich mich damals meiner Umwelt entgegen. Aber das Pathos trug nicht weit. Der Tod, der mit jedem Morgen als drohende Wirklichkeit dastand, ließ sich mit so kindlichen Worten nicht hinwegreden; die vermutlich kurze Zeit, die mir blieb, ließ sich nicht verlängern. Und da ich überzeugt war, ich müsse ein Dichter werden, sprach ich jedes Wort der Verse Hölderlins nach:

»Nur einen Sommer gönnt, ihr Gewaltigen!
und einen Herbst zu reifem Gesange mir,
dass williger mein Herz, vom süßen
Spiele gesättiget, dann mir sterbe …«

Unaufhörlich habe ich mich irgendwohin, jedenfalls in eine reinere Welt, hinaufgeträumt. Luftschlösser habe ich gebaut und in die Höhe geworfen, und sie fielen als Steine zurück, bis ich, lange danach, begriff, dass bei den Steinen dieser Erde mein Ort war. Meine Zeit erschien mir auch als eine Art Wendeltreppe, die aus meinem kurzen, verquälten Leben in die Ewigkeit eines verhangenen Himmels hinaufreichte, aber der Abstieg, der jeden Morgen nach den Träumen je der Nacht zu gehen war, war traurig und mühsam.

Eine ganze Kiste mit Büchern schleppte ich von einem Einsatzort zum nächsten. Große Dichtung. Bände mit unzähligen Gedichten von Gryphius und Goethe bis Christian Morgenstern und Reinhold Schneider. Ich lernte sie zu Hunderten auswendig und sagte sie mir vor, wenn ich Posten zu stehen hatte. Den »Faust«. Den

»Empedokles«, der seine Freiheit fand, indem er sich in den glühenden Krater des Ätna stürzte. Es war eine andere Welt. Mein Denken mit ihnen war eine Art inneres Exil, in dem ich leben und aufatmen konnte. Es war unerhört tröstlich, dass es sie überhaupt gab, diese reinere Sprache, die so anders war als die täglichen Lügen der Wehrmachtsberichte und die täglichen, kaum mehr zur Kenntnis genommenen Unheilsmeldungen.

*

Wenn ich heute frage: Wozu schrieb oder las man in der damaligen Welt des Irrsinns lyrische Gedichte?, dann möchte ich antworten: um zu überleben. Wer einmal gezwungen war, aus einer unerträglichen Welt zu emigrieren in eine andere, in der es möglich war zu leben, der weiß es. Wer fünf Jahre Krieg und Gefangenschaft in seinen jungen Jahren mitbekommen hat und sich nur so retten konnte, dass er lyrische Gedichte und ganze romantische Romane wie Hölderlins Hyperion auswendig lernte oder dass er verträumte Bühnenstücke schrieb, zwischen Schießen und Beschossenwerden, zwischen Gehorchen und innerer Abscheu, zwischen Lügen und Phrasen und Brutalitäten, der fragt nicht mehr, wozu Lyrik gut ist, er wird Lyrik messen am Maß einer Überlebenstechnik. Seine Lyrik freilich wird im Lauf seines Lebens wechseln von der Fluchthilfe zum wachen Benennen

von Tatsachen, zur Anklage, zur Entlarvung. Und erst danach zur Beschreibung des Schönen und des Wundersamen.

Wer in der Sprache des Hitlerreiches aufgewachsen ist, wer in jener Zeit der Unkenntlichkeit des Wortes seine eigenen ersten Sprachversuche angestellt hat, der trägt ein tiefes Misstrauen gegenüber der Sprache jener und dieser Zeit mit sich. Er weiß, dass es keine unschuldige Sprache gibt, sie sei so oder so gewendet. Für ihn ist eine Sprache, die nur fröhlich daherkommt, endgültig naiv.

Sprache ist nicht mehr nur das Überquellen dessen, was in einem unruhigen Herzen nach Worten drängt, Sprache muss vielmehr auch sehr nüchtern »gemacht« werden. Mit kritischer Kontrolle jedes Wortes, das einer spricht. Sie muss gemacht werden nach Art eines Handwerks. Anders, scheint mir, sei heute weder die bedrohte Seele eines Menschen zu schützen noch eine Wahrheit auszusprechen.

*

Einen zweiten Schutz baute ich mir auf. Ein Professor der Philosophie, der unserer Familie verbunden war, schickte mir Buch um Buch mit den Werken der großen Philosophen im Austausch für Tabak und Zigaretten, die ich nicht brauchte, und ich verschlang sie mit heißem Hunger. Irgendeiner von ihnen musste doch wissen, wozu man dieses Leben führte. Platon, Spinoza, Kant, Hegel, Schelling. Sie redeten in klarer Sprache, sie malten keine verträumten Bilder, und sie gaben mir viel mit an stabilisierender Kraft.

Wenig hat mich damals so genau getroffen wie die seltsame Lehre des Philosophen Leibniz von den »Monaden«, jenen in sich verschlossenen Kraftpunkten, die miteinander die Welt ausmachen. Sie hatten bei ihm keine Fenster. Sie lebten nur in sich selbst, und an ihrer Innenwand bildete sich die Welt ab. So, ja, so konnte einer leben, der so bedroht war wie ein Mensch, der dem Ungeist jener Männergesellschaft ausgeliefert war. Ich versuchte damals wirklich, in einer Art Kugel zu leben, an der alles abglitt, was mich an Entwürdigungen treffen wollte.

Diese Existenz einer »Monade«, der vollkommenen Vereinzelung, wurde danach zum seelischen Dauerzustand von Millionen, die damals jung gewesen waren. Sie haben, vor allem dann, wenn ihnen die Last jener Zeit auf der Seele lag, ein Leben lang davon geschwiegen und so getan, als wäre alles »normal« gewesen.

Hier liegt eines der Generationenprobleme unserer Zeit. Die Revolte von 1968 fragte: Was habt ihr Väter und ihr Mütter im Reich Hitlers eigentlich getan? Seid ihr mitgelaufen? Wart ihr an den Verbrechen beteiligt? Habt ihr euch in eure Privatwelt zurückgezogen – oder was? Die Väter haben nicht viel als Antwort gegeben. Sie blieben zumeist stumm. Aber Väter und Großväter, Mütter und Großmütter, die nicht erzählen, bleiben ihren Kindern und Enkeln am Ende unbekannt und werden im Laufe der Jahre lästig. Sie werden entbehrlich.

Auch für mich, der viel von dem geredet hat, was gewesen ist, war es ein ganzes Leben lang schwer, von all den Erinnerungen freizukommen. Also ein Mitmensch zu werden, ein soziales Wesen. Das Grauen blieb, in dem wir als junge Menschen gelebt hatten und in dem jeder mit sich allein gewesen war. Eine traumatisierte Generation hat uns das Hitlerreich hinterlassen. Eine Generation, die verdeckt, was sie geprägt hat. Wir haben damals gelernt, auf irgendeine Art unzugänglich zu sein. Uns in uns selbst einzuspinnen. In mir selbst blieb so auch mein Leben lang der heimliche Wunsch, stumm sein zu dürfen. Mein Leben hinzubringen als ein Mensch, der nicht redet.

Dennoch: Dieses einsame Nachdenken der Dichtungen und der Gedanken der Denker gab mir immerhin einen Raum, in dem ich leben konnte, und einen Schutz, der mich bewahrt hat. Einer meiner engsten Freunde hatte solchen Schutz nicht; er marschierte neunzehnjährig zu Fuß durch Russland. Bücher konnte er nicht mit sich führen. Er verzagte an dem, was dieser Krieg ihm zumutete, und als ihn die Kräfte seiner Seele verlassen hatten, stieg er unbewaffnet aus dem Schützengraben und ließ sich von den Russen niederschießen.

Ein Schutzengel ohne Flügel

Einen dritten Schutz verbarg ich heimlich in mir. Einen lichten Traum. Ich träumte einem jungen Mädchen nach, von dem ich nichts wusste als seinen Namen und ein tief in mich eingegrabenes Bild, nichts außer seinen dunklen Augen und seiner schmalen Gestalt. Wenn ich einen Engel brauchte, dann suchte ich keinen mit Flügeln und in einem wallenden Himmelsgewand, ich tastete vielmehr nach jenem fernen Mädchen, das auf irgendeine Weise um mich war und mich tröstete. Sie war eine Spur von Licht durch lange vier Jahre, in denen ich sie nicht sah, auch hier, wo draußen die U-Boote sanken und unsere grauen Vögel ins Meer stürzten wie brennende Möwen. Dies Mädchen ging wie ein Lichtschimmer durch meine Tage und Nächte, wie ein Streifen blassen Lichtes.

Nie habe ich ihr einen Brief geschrieben. Nein, das stimmt nicht. Briefe habe ich ihr geschrieben, ganze Hefte voll, in denen ich wie in einem blühenden Garten lebte. Aber nie habe ich irgendeinen davon abgeschickt. Sie wusste nichts von mir. Heute, da ich das schreibe, lebt sie seit fast sechzig Jahren, liebevoll, leiblich und nah mit mir zusammen. Eine gütige und weise alte Frau. Und sie ist wirklich zum Schutz meines Lebens geworden.

Immer ging sie damals im Krieg, ohne es zu wissen, unsichtbar mit mir, und wenn es etwas gab, das mich am Leben hielt, dann war sie es.

*

Aber insgesamt war ich von all dem, was außen oder innen zu bestehen war, völlig überfordert, und gegen Ende des Krieges konnte ich kaum noch dem depressiven Versinken widerstehen. Im Januar 1945, also kurz vor dem Ende Deutschlands, für das wir unsere jungen Jahre gelebt hatten – die Überlebenden unseres Verbandes konnte man an einer Hand abzählen –, schrieb ich eines Tages ein Gedicht, eigentlich ein Gebet, dessen letzte Zeilen lauteten:

»*… todmüde bin ich all der Qual*
um meiner Seele halbe Lebenskraft
und möchte ruhn.
Denn längst ist mir der Arm erschlafft,
von all dem Graun des Herzens Schild zerspellt.
Nun möcht' ich ruhen,
ruhn in dir, da anders nichts die Welt
bewegt als seelenloses, gottvergessnes Tun
und eines irren Dämons wilder Unverstand.
So gib mir nichts. Nur gib mir deine Hand
und lass mich ruhn.«

Das Feuer im Ofen ist herabgebrannt, und nur eine dunkle Glut hält sich noch über dem Rost. Was hat mich am Ende gehalten? In der Überlieferung der christlichen Mystik, bei Johannes vom Kreuz, Nikolaus von Cues, Eckart, Hildegard von Bingen fand ich damals Worte, die wie Grundwasser an meine Wurzeln kamen. Oder wie eine heimliche, verborgene Glut in die elementare Kälte.

Wie einer seinen Weg findet

Ein verhangener Tag. Wir sitzen am Strand. Nahe bei uns ein Schwarm Möwen, ruhig im Sand versammelt. Allmählich wenden sich die Gedanken zurück. Ich erinnere mich. Was habe ich eigentlich an Zeichen von Licht erlebt? Sie geschahen manchmal mitten in einer tiefen Dunkelheit. Eines traf mich, als ich einundzwanzig war, an dieser Küste. Es war in meinem vierten Kriegsjahr. Ein Feldgericht hatte mich zu acht Wochen Gefängnis verurteilt, weil ich gelegentlich einer Dienstreise eigene Wege gegangen war. Ich wollte Weihnachten nicht in der Eisenbahn zubringen, sondern zu Hause. Drei Tage zu Hause sein – das galt als Fahnenflucht.

Ich lebte also eine Zeitlang in einem französischen Gefängnis, in düsteren Mauern hinter eisernen Türen. Dort hatten die deutschen Häftlinge ihre Zellen auf der einen Seite eines breiten Flurs, die französischen, Kämpfer aus der Widerstandsbewegung, dem »Maquis«, auf der anderen. Zur Essenszeit kamen zuerst wir Deutschen an die Reihe, dann wurden wir eingeschlossen und die Franzosen stellten sich hintereinander auf, ihre Blechnäpfe in der Hand. Wir sahen sie durch die Gucklöcher in unseren Zellentüren. Einer der Aufseher sagte mir damals: Die werden alle erschossen. Es sprach sich auch herum, sie seien auf schreckliche Weise gefoltert worden.

In den wenigen Tagen, die sie noch lebten, fiel mir ein schmaler Mann mittleren Alters auf mit der Art, wie er sich gab, wie er sich bewegte. Sein Gesicht zwischen all den harten, verstörten Gesichtern der Gefangenen war von einer auffallenden Gelassenheit.

Mit einer freundlichen Handbewegung und einem Lächeln bedankte er sich bei dem bewaffneten Aufseher, der ihm die Suppe in den Blechnapf goss. Dann ging er ans Ende des Flurs, stand dort einen Augenblick still und gesammelt und schlug mit der Hand das Kreuz. Diese senkrechte und waagerechte Linie stand nun wie festgezeichnet vor ihm und seinen Mitgefangenen, während er aß. Ich habe nie erfahren, wer er war. Eine seltsam tragende Ruhe, ein Friede ging von ihm aus.

Eines Tages fehlte er unter den Gefangenen. Für mich steht er nach wie vor in meiner Erinnerung, wie er seinen Napf hinhält, ein Mensch, in nichts Ausdruck seines Schicksals oder seiner Umgebung. Frei und selbstständig er selbst in seiner stillen, unaufdringlichen Freundlichkeit gegenüber Freund und Feind.

Das war neu für mich. Helden hatte ich genug gesehen, aber nicht einen Menschen, der so seiner Hinrichtung entgegensah. So in sich ruhend, so unangreifbar, so spürbar geborgen mitten in dieser Hölle. Das also gab es. Leise begann sich mir mein Bild von so genannten Siegern und Besiegten zu verändern. So zu werden wie er – ging mir durch den Kopf –, das würde sich lohnen.

Der Gefangene und sein Umgang mit seinem Schicksal, sein Umgang mit seinen Feinden, das war eine der Urerfahrungen, die mir meinen Weg gewiesen haben. Damals, in meiner Zelle, las ich zum ersten Mal mit wachem Interesse in dem kleinen Neuen Testament, das ich mitgebracht hatte. Darin begegnete ich einem Menschen, der dem schmalen Franzosen auffallend ähnlich schien: Jesus von Nazareth. Sowohl nach dem Weg, den er zu gehen hatte, wie nach der Art, wie er ihn ging, war dieser Jesus offenbar das Bild, dem der Mann aus dem Maquis nachlebte.

Jesus erklärte mir den Gefangenen, und der Gefangene wurde zu einer nahen und gegenwärtigen Erklärung für jenen Jesus. Er hat für mich sozusagen die Spur gelegt zu Jesus von Nazareth. Dafür mein Leben einzusetzen, dass solche Bilder lebendig blieben in dieser schrecklichen, von Hass erfüllten Welt, das schien mir der Mühe wert.

Bei Paulus las ich, er verstehe sich in seiner Gefangenschaft nicht als ein Gefangener irgendeiner Macht, sondern als ein Gefangener des Christus. Wenn dies der eigentliche Lebensrahmen ist in der Zelle eines Gefängnisses, dann ist Gefangenschaft ein Leben in

Freiheit. Und was das ist, Freiheit, das zeigte mir der Mann, der da am Ende des Flurs stand und das Kreuz vor sich und vor die ganze schreckliche Szene zeichnete.

Wie die Ikone des schwarzen Gesichts in der weißen Fliegerhaube mir gezeigt hat, wer ich selbst sei, so steht vor mir seit jenen Tagen im Gefängnis die Ikone eines Menschen, der gehalten, sozusagen frei gehalten ist in einer völlig verschlossenen Umwelt, seines Lebens gewiss. Er zeigt mir, wozu wir alle, also auch ich, bestimmt seien.

Als ich sechzig war, stand ich auf einer Reise durch die Bretagne wieder einmal vor jenem Gefängnis und hätte viel darum gegeben, meine Zelle wieder zu sehen und dem schmalen Franzosen nahe zu sein. Aber es blieb verschlossen. Schließlich war es ja auch ein Gefängnis. Und ich bin ihm doch begegnet. Eine Bronzetafel hing vor dem Eingang zum Gedenken an alle die französischen Widerstandskämpfer, die hier erschossen worden waren.

Ich hätte ihm gerne gedankt. Aber vielleicht begegne ich ihm in der anderen Welt und kann ihm sagen, was er für mich gewesen ist.

Die Zone der Wandlungen

Wald und Wildnis

In einen anderen, andersartigen Morgen treten wir hinaus. Ein frischer Wind streicht durch Büsche und Bäume. Es ist kalt. Das Gewölk grau mit dunklen Flecken. Der Himmel wechselt hier oft und rasch. Die Farbe des Lichts, die Klarheit oder Gedämpftheit der Luft ändern sich in Stunden und oft ohne Ankündigung. Immer wieder setzt Regen ein. Die Grenzen zwischen Himmel und Land, Himmel und Wasser sind trübe und verwaschen.

Wir suchen uns für heute einen anderen Weg. Hinter den Dünen, wo sich die dürren Büsche mit Mühe halten, beginnt der Wald. In ihm zieht sich ein Weg, der des tiefen Sandes wegen schwer zu gehen ist, eine halbe Stunde bis zu einem freien Platz auf der Düne. Wir wenden uns dorthin.

Es ist ein Trampelpfad mit Hindernissen. Der Orkan, der diese Küste vor einigen Jahren heimsuchte, tat hier sein grausames Werk. Viele Bäume, hunderte, liegen auf der Erde, auch quer über den Weg. Andere stehen schräg, aufgefangen von den hilfreichen Armen ihrer Nachbarn. Andere sind in halber Höhe abgebrochen, stehen starr, ihre Kronen liegen vor ihnen auf der Erde. Wer heute durch dieses Gewirr geht, hört immer wieder irgendwo ein Krachen zusammenbrechender Baumreste.

Am Weg zu beiden Seiten Brombeergestrüpp. Weil aber wenige hier wandern, wachsen die Ranken über den Weg oder hängen über ihn herein. Immer wieder nehme ich eine Gartenschere mit, ihn freizuschneiden. Dieser Weg ist eine Art Gleichnis für einen Lebensweg voller Hindernisse, voller Versuche, voller Fehler und Mühen. Für ein Leben, das es durchzustehen gilt. Aber ein Leben auch voller Sinndichte und Schwere der Aufträge. Ein breites, kaum zu durchdringendes Stachelgestrüpp.

*

Als ich nach Hause kam, damals, nach dem Ende der Gefangenschaft, stand mir die Tatsache einer ausgebluteten Generation vor Augen. Lebte ich nun nicht an der Stelle der vielen Toten? Und mussten dieses geschenkte Leben und die Verantwortung, für die es eingesetzt wurde, es nicht wert sein, für sie alle gelebt zu werden? Ich begann, Theologie zu studieren, und stellte mir vor, es gelte, in einen Kampf einzutreten für die Wahrheit, einen Kampf um einen neuen Anfang, vor allem einen Kampf gegen alles reaktionäre Festhalten am Gewesenen und Gehabten.

Als Kind hatte ich mir Schleudern gemacht aus zwei Schnüren und einer Ledertasche, die man über dem Kopf kreisen ließ, ähnlich der Schleuder, mit der David den Goliath zu Fall gebracht haben soll. Das Bild, wie jener Hirtenjunge an einen Bach lief und ein paar Steine in seine Tasche legte, war mir vertraut. David hatte nichts als seine Schleuder, als er dem Riesen entgegenlief. Er schwang sie. Er traf. Der Riese stürzte.

Immerhin hatte jener Junge klar gesagt, er komme im Namen Gottes und trete mit diesem Wort gegen die Überlegenheit der Macht an. Vielleicht, so dachte ich mir, wird das unser Amt sein, ein schlichtes und genaues Wort gegen die Stirn einer vermeintlich überlegenen, in Wahrheit nur anmaßenden Machtsprache zu werfen. Und vielleicht sind wir selbst nicht mehr als ein kurzes Wort, gegen die steinerne Stirn von Unglück und Gefahr geworfen. Ein Wort, das klingt wie ein Aufschlag. Das die sekundenlange Stille schafft, ehe der eiserne Klotz – vielleicht! – fällt.

Aber bald wurde mir deutlich, dass ich damit ja nichts Neues bringen würde. Habe ich nicht schon während des Krieges gesagt: Wir dürften am Ende nicht siegen? War ich nicht dazu verdammt gewesen, für einen Sieg mein Leben einzusetzen, den zu verlieren mir damals schon angemessener erschienen wäre? Gehören die Siege nicht zu den entbehrlichen Dingen?

*

Aber bald folgte eine andere Erfahrung. Es war 1959, in der Zeit, als Hunderttausende junge Menschen über die noch offene Grenze zwischen Ost- und Westdeutschland strömten. Ich war damals an der Aufgabe beteiligt, ihnen Arbeitsplätze, Wohnungen, Ausbildungen, Chancen zu verschaffen. Auch junge Arbeiterinnen und Arbeiter gehörten zum Feld meines Auftrags. Was mir schnell deutlich war, war die Fremdheit der Sprache, in der sie lebten, beide, die Flüchtlinge aus dem Osten und die jungen Menschen in unseren westlichen Fabriken. So fing ich an, die Sprache der Bibel und die Sprache der Kirche in die Denk- und Sprechweise der Jungen zu übersetzen.

Sie waren zumeist nicht in christlichen Elternhäusern aufgewachsen, und wenn ich ihnen etwa sagen wollte, was das Evangelium für sie bedeuten könnte oder würde, so bemerkte ich, dass, was ich sagte, nicht bis zu ihnen durchdrang. Sie verstanden die Worte und die Wendungen, in denen die christliche Sprache sich zu bewegen pflegt, auf keine Weise. Ich begann in die tiefe Kluft hinabzusehen zwischen dem, was ich sagte, und dem, was meine Hörer davon gerade noch verstanden. Was tun? Ich stand in einem Wald – und die Wege waren zugewachsen.

Damals fand ich einen altägyptischen Text aus der Zeit um 2000 vor Christus, der meine Ratlosigkeit ausdrückte. Er lautete:

»Wenn ich doch nur Ausdrücke hätte,
die nicht bekannt sind!
Worte, nicht geläufig, in neuer Sprache, ungebraucht,
die nicht wiederholen, was immer gesagt wurde,
nicht schal geworden wie die,
die Menschen seit alters sprechen.«

Aber es wurde weder bei jenem Ägypter noch bei mir etwas mit den ungebrauchten Worten. Sprache kann man nicht erfinden. Sie lebt davon, dass sie überliefert wird, von Generation zu Generation. Aber es kam wohl darauf an, die geläufigen Sätze zu waschen, die Buchstaben ins Wasser zu werfen, die Silben reinzukratzen, die Wörter abzubürsten. Das ganze Gewört auf die Leine zu hängen, damit am Ende die alte Sprache und gerade nicht eine ungebrauchte neue das Alte und Gültige wieder sagen könne. Sie soll ja nicht Dichtung werden wollen, sondern Gebrauchssprache für Menschen, die als Fußgänger auf den Märkten unterwegs sind.

Aber unter den Erwachsenen fand ich es nur wenig anders. Und so habe ich ein Leben lang versucht, den Menschen, den Hörern oder Lesern, einen Weg zur Welt der Bibel und des Glaubens freizuschneiden. Wenn ich auf begehbare Wege führen wollte, musste ich sie erst öffnen. Wie sollte ein heutiger Mensch verstehen, was ihm da zugesprochen wird, wenn für so unendlich viele unter ihnen die Wege versperrt sind durch all die Vorstellungen, die von früher her, aus früheren Deutungen, herumliegen? Durch alle die Bilder und Gedanken, die querliegen und erst weggeräumt werden müssen, wenn ein Mensch unserer Tage sollte begreifen können, was er glauben soll?

Aber was ich glaubte, das sollte doch wohl, so meinte ich, kenntlich zu machen sein. Was mir rund schien, sollte ich es nicht rund nennen können? Was ich als eckig empfand, nicht eckig? So fing ich an, Worte, von Früheren gesprochen, nachzubuchstabieren, so vielleicht, dass ein Prophet seine Rede neu zu hören bekam aus dem Mund eines Spätgeborenen. Der wiederum erkennt dabei, was in dem dramatischen Spiel und Kampf von zwei oder drei Jahrtausenden sich halten konnte, gültig blieb und nicht verstummt ist. Oder so, dass David seine Psalmen neu hört und ihre Ausdünnung, ihre Abmagerung feststellt, wie sie in unserer Zeit der ermattenden Lobgesänge geschieht. Denn in einer Generation wie der meinigen, der das Hymnensingen einmal recht eigentlich ausgetrieben worden ist, kann einer vielleicht nur noch nachstottern: »Ein gülden Kleinod Davids, vorzusingen«, und dann nur noch: »Amen. Sela.« Aber vielleicht entdeckt er dabei sein eigenes, schmales Lied, seinen ganz andersartigen Lobgesang.

Was ist dabei gelungen? Es geht schmal zusammen. Was meine Generation im Laufe des 20. Jahrhunderts tun konnte, war ein Notbehelf. Wir konnten den Menschen aus unseren Worten keine Häuser bauen. Atemlos haben wir Zelt um Zelt aufgestellt für die, die wenigstens irgendwo zur Nacht bleiben wollten. Immer wieder die Hütte eines Verstehens, in der sich einige von ihnen bergen konnten vor der übermächtigen Bedrohung, die ja nicht geringer geworden ist, seit wir, fast Kinder noch, erlebten, was ein Weltuntergang ist.

Mir wurde dabei allmählich meine Rolle deutlich. In Wäldern dieser dicht verwachsenen Art gibt es zum Glück noch Wildschweine. Die genießen die Wildnis und graben sich hier ihre gut geschützten Wohnmulden. Immer mehr begann ich, sie zu lieben. Ich empfand ihre Lebensweise als der meinigen verwandt. Unten wollte ich bleiben, dort, wo die Menschen ihre mühsamen Wege suchen. Im Unterholz, wo ihre Schicksale sich abspielen. Zwischen den dornigen Trieben der wilden Brombeeren, zwischen Stechginster und kleinen Kiefern, die um ihr Überleben kämpfen, und den großen, gebrochenen Stämmen. Ein solches Suchtier mit seiner wachen und genauen Nase wollte ich sein. Ich wollte mir meinen Weg nicht vorschreiben lassen. Und so habe ich nun lange Jahrzehnte zugebracht, die Nase an der Erde, auf der Suche nach den Menschen und nach dem, was ihnen Helfendes gesagt werden kann. So könnte, meinte ich, das geschehen, was meinem Leben als Sinn und Auftrag mitgegeben war.

Und so wurde mir die Sprache zu meiner eigentlichen geistigen Heimat. An ihren Innenwänden können immer noch die großen Bilder der Überlieferung hängen, die Bilder auch unserer eigenen Seele. Die sind nicht zerstört. Und das Haus, das uns angeboten ist, steht noch immer auf einem festen Grund. Der Grund heißt Schweigen. Auf dem Grund eines leise ergehenden Wortes, das von der Wahrheit des Daseins erzählt.

Denn das Gespräch ist in der Tat das große Haus, in dem wir leben. Wie ein leichtes Dach überspannt es die Schicksale der Menschen. Es ist, was dem Vogel das Nest, dem Dachs seine Höhle, dem Hund sein Korb und dem Fisch das Korallenriff.

Alle Dinge, alle lebendigen Wesen, alle Elemente und alle Erscheinungen dieser Erde haben ihre Sprache. Besser: Sie sind Sprache. Darum sind sie hörbar. Darum ist die Luft voll Klang. Darum ist die Schrift des Daseins zu entziffern. Darum hat es Sinn, sie lesen zu wollen. Darum hat es Sinn, damit zu rechnen, dass uns auch die Schriftzüge lesbar werden, mit denen Gott uns anschreibt, die Sprache, mit der er uns anspricht. Denn Wörter kommen als Bilder zur Welt, sind Bilder einer Wirklichkeit und bleiben es bis zu ihrem Verstummen. Von Gott aber zu reden ist wie das Wandern eines Bänkelsängers von einem schlicht gemalten Bild zum nächsten, und die Bilder bleiben noch an den Wänden der Seele, wenn der Sänger längst den Stock weggelegt hat, mit dem er sie anschlug.

*

Der Regen wird stärker. Der Wald geht in lichter werdendes niedriges Buschwerk über und endet in einer welligen Heide. Wind kommt auf. Der gesuchte Aussichtsplatz über dem Meerufer wird sichtbar. Eine Hütte. Daneben ein Mastbaum. Ein schmales Dach nah am Rand einer steilen Düne. Und dichte Regenvorhänge über dem dunklen Meer.

Das Klima der Seele

Über uns also der kurze Überstand des Hüttendaches. Vor uns nach der Flut das ablaufende Wasser. Nach rechts hin der breite, kaum betretene Sand bis zu einem fernen, ins Meer hinausgreifenden Vorsprung der Düne. Nach links hin endlos sich dehnende Dünenflucht. Vor uns tiefes, dunkelgrünes Meer. Da und dort einzelne Schaumkronen. Es muss wohl etwa Windstärke fünf oder sechs sein. Darüber Wolkengeschiebe. Alles dehnt sich in einer flachen Weite, hingestreckt in die Horizontale. Der Mast an der Hütte und wir zwei sind das Einzige, das aufrecht steht, der Horizontalen entgegengesetzt wie ein Gegenentwurf.

Und so stehe ich, ein alter Mann, der nicht mehr hinausschwimmt. Der in dieser Welt das Seine getan hat und das leichte Gewicht seiner Jahre auf der Waage einer Hand prüft. Der gelernt hat, was zu tun war und was er nun nicht mehr zu tun braucht. Der sich nicht überschätzen muss und sich nicht wichtiger nehmen als irgendeine der hellen Möwen, die sich hier vom Aufwind an der Düne frei in der Luft tragen lassen, oder als einer der kleinen, flinken Schnepfenvögel unten an der Wasserlinie.

Sein wahres Maß kennen zu lernen, das wäre ein Ziel, das einer an einem solchen Platz suchen könnte. Es wird ja, wenn ich versuche, mich selbst einzuschätzen, alles sehr klein. Was weiß ich schon? Wollte ich sagen, ich kennte das Menschenleben, so müsste ich tausend Jahre gelebt haben. Meine kurze Zeit reichte nicht hin.

Was will ich noch? Ach ja, ich weiß. Wenn ich über meine Jahre zurücksehe, ist es deutlich. Es wäre schön, ginge es in diesem durchsetzungsstarken und eigenwilligen Ich in mir nicht ganz so eng zu, nicht ganz so atemlos. Könnte nicht ein freierer Spielraum sein in diesem verriegelten Gehäuse? Wäre es nicht schön, es träte an die Stelle, an der sich mein eigenes Ich breit macht und in immer neuen Anläufen durchsetzt, etwas Größeres? Ja, das könnte ich mir noch wünschen: Es könnte sich mein kleines Ich verabschieden. Ich würde ihm für das, was es für mich getan hat, einen dankbaren Gruß mitgeben auf seine Reise ins Vergessen. Es entstünden in mir andere Gedanken. Sie fingen in mir ihr Spiel an und sie behielten ihre Wahrheit, auch wenn es mich, den kleinen Menschen, nicht mehr gäbe. Es könnte alles wahrer werden, als es ist. Im Grunde begleitet mich dieser Wunsch, mein eigenes Ich zu verabschieden, schon eine lange Zeit in dem Sinn, den Herder meint, wenn er sagt: »Vergiss dein Ich. Dich selbst verliere nie!«

Was könnte denn das praktische Ziel sein, das ich suche? Vor allem wohl der Friede mit allen Menschen und das Ende aller Feindschaft. Es könnte vor allem der Friede mit dem Abnehmen der Kräfte sein, mit dem Wenigerwerden, mit ihrem unvermeidlichen Ende und in allem der sehr verborgene, alles durchdringende Friede mit Gott.

Denn je mehr Freiheit in mir ist, je mehr von der Weite der Welt, desto stärker wird sich das Bild ändern, das ich von Gott habe. Solange ich in meinem Ich bestehe, bleibt Gott der Andere, Fremde. Der Rätselhafte, der Mächtige, der Ungeheure. Er bleibt vielleicht ein freundliches, gütiges Gegenüber. Ein Übermir. Ein Mirentgegen.

In dem Maß, in dem mein Ich entbehrlich wird, kommt mir Gott näher, kommt er in mich herein und wird der Nahe, der Vertraute, der Beglückende, wird er zu dem, dessen Bild zu werden mir zugesagt ist. Und umgekehrt: In dem Maß, in dem ich nicht mehr selbst der Raum bin, in dem ich lebe, gewinne ich Raum in ihm. Und er wird am Ende der sein, in den ich im Vertrauen hineinsterben kann und in dem ein neues Leben auf mich wartet.

Die Regenvorhänge und die Windschleier wehen über den Himmel. Sie wehen durch mich hindurch. Sie nehmen viel mit sich, und ich sehe den Platz leer, aber ebenso schön, wenn die Weltgeschichte und die Menschenschicksale weitergehen, als hätte es mich nie gegeben. Es ist gut, sage ich mir. Sagen wir einander.

*

Während wir so stehen, lässt der Regen nach. Der Wind wird stärker. Am Himmel reißt ein Spalt auf. Das Wetter scheint sich der Rückseite eines Tiefs zu nähern. Und mit dem Riss am Himmel wird alles anders. Ob wir Menschen nicht so wandlungsfähig sein könnten wie das Wettergeschehen draußen? Wie die Temperatur, wie der Luftdruck, wie die Windrichtung, wie das Gesicht des Himmels? Eigentlich, wenn wir nämlich dem gerecht werden wollen, was um uns her geschieht, müssten wir es sein. Kann es denn genug sein, dass wir uns durchhalten in unserer Besonderheit? Wäre nicht unsere Aufgabe durch unser ganzes Leben hin die, anders zu werden, als wir jeweils sind? Und auf das Ganze gesehen, müsste nicht eine tiefgehende Wandlung unser ganzes Wesen ergreifen? Was ist das überhaupt – Wandlung? Eigentlich müsste sich jedes Mal, wenn ich an dieser Küste stehe, etwas in mir ändern, lebendiger werden, klarer.

Wir tauschen unsere Gedanken aus. Bei dem Wort »Wandlung« fällt uns das schöne Wort »Troposphäre« ein. Das Wort meint die »Zone der Wandlungen« in der Lufthülle rund um die Erde. Die umgibt uns am nächsten und reicht hinauf bis in eine Höhe von ungefähr dreizehntausend Metern. Es ist die Zone, innerhalb der das Wetter sich abspielt. In ihr ergehen der Regen und der Sturm, in ihr schweben und schwimmen die Wolken. In ihr geschieht das Kreisen und Wirbeln der Luftmassen, der Hochs und der Tiefs, das Ziehen der Luftströme und der stete Wechsel des Luftdrucks.

Fern über ihr liegt die »Stratosphäre«, die »ruhig Hingebreitete«, in der wenig ist, was wir als »Leben« bezeichnen könnten. Die aber das Leben auf der Erde mit Hilfe der Ozonschicht schützt. Und immer leichter werdend reicht die Lufthülle unserer Erde über sie und die Ionosphäre, die Zone der verglühenden Meteoriten und des Polarlichts, hinauf bis achthundert oder tausend Kilometer über den Ort, an dem wir stehen.

Unser Ort und der, an dem das Menschenleben spielt, ist die Troposphäre, die Sphäre der Wandlungen. Man könnte es kaum poetischer und kaum zutreffender sagen. Nichts in dieser Zone des Wetters ist wirklich berechenbar. Wenn vorausgesagt werden soll, wie denn das Wetter in den nächsten Tagen werden müsste, so sind schon vier oder fünf Tage, auch mit einer modernen Meteorologie, zu viel für eine genaue Prognose. Nichts ist so wetterwendisch wie das Wetter. Nichts wechselt so unvorhersehbar wie der Druck der Luft, die Wege der Zyklonen oder die Launen der Windströme.

Aufsteigende und fallende Luft, warme oder kalte, feuchte oder trockene, ruhende oder flüchtige, man weiß in der Theorie genau, wie alles geordnet ist, aber man kann nicht mit Sicherheit sagen, was tatsächlich geschieht. Als wäre die Troposphäre der Gegenspieler zur Ruhe und Verlässlichkeit unserer Erde, spielt sie alle Melodien der Veränderung und fordert von uns Erdbewohnern die immer neue Anpassung.

Wenn wir jedenfalls dem Wetter nachdenken, wissen wir, dass jedem gedachten Gedanken andere folgen müssen und alles der Wandlung bedarf. Wir sind unterwegs unter den Wolken auf der Suche nach unserer Heimat bei den oberen und den unteren Geschwistern und nach dem Geist der Freiheit.

*

Hier wohl liegt der Anfang dessen, was wir »Weisheit« nennen können. Damit meinen wir nicht nur die so genannte »Altersweisheit«. Altersweisheit scheint uns vielmehr die Weisheit zu sein, wie sie jedem besonderen Alter eines Menschen entspricht und auch in gewissem Maß erreichbar ist. Das kleine Kind hat die Weisheit, die es braucht, um zu überleben, zu wachsen und zu gedeihen. Der junge Mensch kann zu der Weisheit kommen, die es ihm erlaubt, sich selbst zu begreifen und seinen ihm eigenen und zugedachten Weg zu finden. Der Erwachsene kann die Weisheit erreichen, in einem größeren Ganzen, dem er zugehört, sein Werk zu tun. Der alte Mensch bringt sich, wenn er weise geworden ist, ein in den Gesamtzusammenhang, der vielleicht weit über seine Zeit und seinen Lebensraum hinausreicht.

Diese verschiedenen »Altersweisheiten« haben ihren Kern in der Zustimmung zu den Wandlungen, die jeweils angesagt sind. Die des alten Menschen hat ihren Kern in der Zustimmung zu der Wandlung, die ihn an seinem Lebensende erwartet, in seiner Weitung in eine Welt hinüber, die er nicht kennt, der er aber bewusst entgegengeht. Das heißt in seinem Ja zur Weitung seines kleinen Ich. Indem er sein Ich freigibt, erfährt er das, was wir Erlösung nennen.

*

Die »Sphäre der Wandlungen« ist hier das tägliche Thema unseres Nachdenkens. So das Zauberreich der Wolken, ausgebreitet am blauen Himmel. Da ziehen Gebirge oder verspielte Haufen, Zinnen in langen Reihen, Türmchen, aus breitem Flaum sich erhebend, wie eine Herde Schäfchen auf der Himmelswiese, oder in Federn und zarten Eisschleiern verfliegend, ambossähnlich riesenhaft aufgebaut als Gewitterwolke oder in die Breite gezogen zum schmalen Föhnstreifen, dichter hingelagert zur Schauerwolke oder sich hinbreitend als Nebel, leicht hinschwebend über flachem Wasser.

Von aufsteigenden Luftmassen in Bewegung gesetzt, von der Drehung der Erde gesteuert, treibt der Wind ungeheure Wassermassen in alle Richtungen des Himmels und verwirbelt so die Wärme und den Regen über der Erde.

Wärme steigt auf. In schmalen Kanälen treibt sie die Wassermassen in den Wolken nach oben und bildet runde Eiskugeln, die, wenn sie zu schwer werden, stehen bleiben gegen die aufwärts drängende Luft und herabfallen, tauend und kleiner werdend, und schließlich als Eiskörner oder Regen die Erde erreichen, wenn sie sich nicht vorher schon verloren haben.

Elektrische Felder bauen sich auf, Spannungen entladen sich, feine Flämmchen an den Flügeln der Flugzeuge zeigen an, wie sich das elektrische Erdfeld zu einem Gewitter aufbaut.

In einem steten Entstehen und Vergehen, in einem kämpferischen Drängen und einem gelassenen Ruhen vollzieht sich, was um uns geschieht – und wir bemerken, dass von all dem unser eigenes Leben, das Leben unserer Seele, das Leben unserer unbewussten Grundströmungen tief geprägt ist. Aufquellende Kraft und Depression, Gewitter und Trockenheit, Smog und klaren Himmel erfahren wir außen und erleiden wir innen.

Und so beschreiben wir auch das gemeinsame Leben der Menschen so, als sei es eine Art »Troposphäre«, bestehend aus Stimmungen und Gefühlen, aus hin und her drängenden Kräften, Vorurteilen und Gesinnungen. Wir sprechen von einem »Betriebsklima« und meinen seine Wärme oder seine Kälte. Wir sprechen von Schlechtwetter zwischen den Völkern, von Silberstreifen am Horizont, von einem »Tauwetter« nach einer Zeit des kalten Krieges oder auch von einer politischen »Eiszeit« und geben damit unserem gemeinsamen Leben Namen, die davon reden, es könnten durchaus Änderungen geschehen, wenn wir sie wollen und wenn Gott die Stunde gibt.

*

Unser Platz an der Hütte ist gut. Gemeinsam warten wir darauf, dass die Regenvorhänge über dem Meer verwehen, ein klarer Himmel erscheint und unsere Augen die unscharfe Linie erfassen, an der sich Himmel und Meer berühren. Wir treten ein paar Schritte auf den Rand der steilen Düne zu und stützen uns auf den rotbemalten Stangenzaun, der uns davor bewahren soll, abzustürzen. Wir wollen in dieser Welt nicht mehr viel bewirken. Im Grund wollen wir die

Zeit unserer letzten Jahre in Gelassenheit nichts weiter als sein. In Gott. Ohne große Pläne und Absichten. Annehmen, was ist und was kommt. Und im Frieden abwarten, bis die Regenvorhänge sich auflösen.

Wir steigen ab zum Wasser und wandern im frischen Wind über den Ufersand zurück, in wehende Jacken verpackt, bis allmählich der Wald, in dem unser Haus steht, sich aus dem Dunst löst und Farbe annimmt und Kontur.

Alles ist Wasser

Wir wandern barfuß durch die auslaufenden Wellen. Es ist ein blauer Tag. Blau der Himmel, blau das Meer. Klar die lange Uferlinie bis hinaus zu dem fernen Leuchtturm. Zwei oder drei Fischerboote. Breit der flache Sandstrand. Es ist Ebbe. In einem ungefähren Takt kommen sie an, die Wellen, bauen sich auf, stürzen nach vorn, wischen über den Sand, verharren, rinnen zurück. Und das seit unvordenklichen Äonen. Die Zeit geht in kleinen Schritten vorwärts.

Genauer ist ein zweiter Rhythmus: das Kommen und Gehen von Ebbe und Flut. Dieser Takt kommt vom Himmel. Der Mond, die Sonne und das Wasser sind miteinander eine kosmische Uhr. Sie sind die Zeit selbst, die flüchtende. Und der Mensch, der da geht, schwindet, wie die Wasser der Zeit schwinden.

*

»Alles ist Wasser« oder »Alles ist aus dem Wasser« oder »Alles hat im Wasser sein Urbild«, sagt der alte Thales als Bewohner einer Hafen- und Handelsstadt. Er hat sich von dem Meer vor seiner Haustür offenbar viel erzählen lassen. Und was erzählt es? Wenn ich gut zuhöre, dann plaudert es vor sich hin:
Ich bin Regen, sagt es. Ich bin ein andermal See oder Fluss, Wolke, Tau, Quelle oder Bach, am Ende Meer.

Ich habe keine bleibende Gestalt. Lass dir, du Mensch, der mir zuhört, deine gegenwärtige Gestalt nicht wichtig sein. Lass sie vergehen. Stell dir vor, du seiest wechselnd einmal Meer oder aus dem Meer aufsteigende Wolke, Regen, Nebel, Eis, Schnee oder wieder tauendes, rinnendes Wasser. Du seiest Saft im Baum, Feuchtigkeit im Grund der Erde.

Ich möchte gerne einwenden: Das kann ich nicht! Und höre: Du musst es sogar können! Du kannst nicht bleiben, wie und was du bist. Reise frei über das Land, regne herab, werde zur Pfütze in der Furche eines Ackers. Lass dich reinigen unter den Wurzeln, komme wieder ans Licht, fließe, ruhe und steige wieder auf.

Das Wasser spricht zu mir: Ich gehe durch meine hundert Gestalten, unablässig mich selbst verlierend, damit das Leben auf der Erde durch die unübersehbar lebendige Fülle seiner Gestalten gehen kann. Ich ströme, ohne auf meine Gestalt zu achten, durch die Adern der Pflanzen, damit das Blatt und die Frucht Gestalt finden. Ich fließe durch die Körper der Tiere und auch durch eure eigenen, damit Lebendigkeit, Kraft, Wille, Empfindung, Geist in ihnen sei. Ich bin euer Blut, euer Schweiß, eure Tränen. Ich bin zugleich alles und nichts.

*

Alles gestaltet sich durch mich, während ich selbst nirgends bleibende Gestalt finde. Ich habe keine eigene Farbe. Ich gewinne sie von allem, was sich in mir spiegelt: vom Himmel, von der Sonne, vom Baum über meinem Ufer, vom Kraut, das in mir sich ausbreitet. Ich bin nichts und bin alles. Mein nächtliches Leuchten habe ich von den Leuchtorganismen in mir, meine Dunkelheit von der Dunkelheit in Wetter und Wolke.

Und wir verstehen: Das Wasser ist älter als wir. Erfahrener. Die Wasser, die aus dem Meer aufsteigen, die Ozeane am Himmel, die den Regen und die Wärme über der Erde ausbreiten, folgen der steten Drehung unseres Planeten, und sie taten das lange, ehe der erste Mensch die Augen aufschlug. Und was vor Zeiten geschah, vor Jahrmilliarden, geschieht in dieser Stunde. Und es geschieht in uns, ehe uns ein Gedanke dazu einfällt. Die Rhythmen, die hier spielen, bewahren uns und unser Leben bis in die heutige Stunde und über sie hinaus.

*

Im Gespräch mit dem Wasser, dem Element, das sich für die anderen Geschöpfe bereit hält und seine Kraft anbietet, fange ich an zu begreifen, was oder wen ich eigentlich meine, wenn ich von Jesus, dem Christus, rede, von dem Paulus sagt: Er hatte alles und gab alles her. Ihm lag nichts an seinem eigenen Überleben, und er gab das Leben allen, die lebendige Kraft brauchten. Ihm lag nichts an seiner eigenen Würde, und er gab sich hin für die Würde aller.

*

Das Wasser ist ja ein eigentümliches Element. Es ist das Vorbild alles Lebendigen, aber es trägt keineswegs die Merkmale, die uns für das Leben charakteristisch erscheinen. Leben heißt wachsen. Aber das Wasser wächst nicht. Leben heißt sich fortpflanzen. Aber das Wasser kennt keine Folge von Generationen. Leben heißt, einen eigenen Rhythmus finden und durchhalten. Aber dem Wasser wird immer und überall der Rhythmus irgendeines fremden Lebens vorgeschrieben. Und doch ist kein Leben möglich ohne das Wasser.

Indem es keine eigene Lebendigkeit beansprucht, ist es in allen wechselnden Gestalten die Urkraft alles Lebendigen. Und das Lebenswerk eines Menschen hat seinen Sinn nicht aus dem, was in ihm selbst als treibende Kraft wirksam war, sondern aus dem, für das es getan wurde.

*

Von jenem Christus, der wie kaum einer eine klare Gestalt war, eine Gestalt von unabsehbarer geschichtlicher Wirkung, wird gesagt, seine wirkliche Gestalt sei die eines Leidenden, eines Verachteten gewesen.

Wer also im Namen dieses Christus etwas tun will, muss eine Arbeit tun, die es wert ist, dass er hinter ihr vergessen wird. Das Wasser sagt uns: Lasst euch verbrauchen. Lasst euch vergehen. Und so erscheint Christus seit alten Zeiten im Zeichen eines Fisches, im Zeichen also eines Wesens, das für das Wasser steht. Wer mit ihm seine vorläufige Gestalt aufgibt, kann dem dienen, was ins Leben treten will.

*

Bei Rilke lesen wir:

»Ich zähle mich, mein Gott, und du,
du hast das Recht, mich zu verschwenden.«

*

Während wir in unsere Hütte eintreten, ist es Abend geworden. Was sollen wir noch tun? Nicht mehr viel, bis wir zur Ruhe gehen. Und bald werden wir uns von dem immer gegenwärtigen Brausen, das zwischen den Bäumen heraufkommt bis zu uns, in den Schlaf wiegen lassen. Und was ich mir denken kann: Ich werde vom Wasser träumen, wie es mir oft widerfahren ist, ich werde ein Fisch sein und mit meiner Fischfrau durch das blaue Wasser gleiten.

Der Anruf der Wildgänse

Die Sonne brennt an einem heißen Tag auf unser Haus und in unseren Garten herab. Ich sitze vor der hölzernen Wand und träume vor mich hin. Es ist nichts zu tun. Drüben, von einem Busch beschattet, liegt meine Frau in einem flachen Liegestuhl. Die Zeit geht gemächlich. Nichts ist zu erwarten, als dass die Stunden des Nachmittags im Frieden hingehen.

Plötzlich in der Ferne ein Geräusch. Wie es deutlicher wird, bemerke ich: Das sind Wildgänse! Mit scharfem Schrei brechen sie über unseren Wald herein. Der Keil dieser wunderbaren Vögel reißt mich auf von meinem Stuhl und hinüber in die Lichtung zwischen unseren Bäumen. Und immer ist es so, dass ein Zug dieser großen Wanderer mich von der Erde wegreißt. Schau!, rufe ich. Aber meine Frau steht längst und sieht hingerissen nach oben.

Und noch ein zweiter Keil kündigt sich an. Ich kann oft nicht anders als hinaufrufen: Ihr Wildgänse, habt ihr keinen Platz für Leute, die zu euch überlaufen möchten? Für Erdlinge, die sich nach Freiheit sehnen, nach Raum und Weite? Wir wollen unser Haus gerne verschenken, wenn wir mit euch ziehen dürfen!

Rund fünfundsechzig Jahre sind es, seit ich sie zum ersten Mal sah, nach Norden fliegend, diese Kollegen der Luft mit ihren weit nach vorn gestreckten Hälsen und Köpfen, dunkelgrauen Rücken und hellgrauen Bäuchen und ihrer orangefarbenen Schnabelzeichnung, als wir sie mit unserem Flugzeug überholten.

Ich hänge überhaupt nicht unbedingt an all den geistigen und anderen Fortschritten, die uns Menschen die Evolution beschert hat. Ich könnte auch zu einem Schwarm Möwen auf einer Sandbank sagen: Könnt ihr keine Asylanten aufnehmen? Wir halten es nicht für einen Vorteil und auch nicht für ein Vorrecht, dass wir Menschen sind. Oder: Ihr kleinen Strandläufer mit euren so unglaublich flinken Schrittchen! Könnt ihr uns nicht lehren, wie man so leicht, so wunderbar schwerelos über den Sand huscht? Wir würden unsere beiden schwerfälligen Beine gerne dafür hergeben. Und unser wichtiger Menschenkopf ist vielleicht doch entbehrlicher, als wir meinen.

Ihr könnt auch ohne unseren armen Neocortex, was ihr können müsst. Wir können es nicht, obwohl wir uns seiner bedienen. Ist es nicht einen Traum wert, in eurem Schwarm mit eurer gelassenen Ruhe an der Wassergrenze zu sitzen und sich irgendwann, ebenso ruhig und vielleicht ohne Anlass, gegen den Wind zu erheben?

*

Heute, da ich seit langem meinen Platz auf dieser Erde unten habe, sind mir die Wildgänse wie von Anfang an ein bewegendes Symbol für ein Leben, das seinen Sinn erfüllt. Vom Wind getragen. Einem Ziel zugewandt. Unbeirrbar auf seinem Kurs. Auf dem Weg über Kontinente finden diese Tiere das Haus, in dessen Nähe sie im vorigen Jahr lebten.

Über einen besonders begnadeten Menschen sagte man in früheren Zeiten: »Der stirbt nicht. Der fliegt mit den Wildgänsen.« In Schlesien sagte man: »Wenn Wildgänse über ein Haus fliegen, hört die Hausgans auf zu brüten«, denn sie erinnert sich, sie sei eigentlich zum Fliegen geboren. Unter den Schweden der Völkerwanderungszeit sah man im fliegenden Keil dieser Sturmvögel ein Signal der Auferstehung, des Hinüberfliegens in die andere Welt.

In unseren Jahren hat in Schottland die Kommunität von Iona auf ihrer einsamen Felseninsel in den inneren Hebriden die Wildgans zu ihrem Symbol erwählt, dem sie nachdenkt, nachlebt, dem sie sich nachsehnt. Schon für die keltischen Christen jenes Raumes war sie das Bild für den Geist Gottes gewesen, dieses lebensstarke Tier im steten Unterwegs, das nicht einzufangen ist und nicht zu zähmen.

Wildgänse leben im Wind, in der freien Bläue zwischen den Wolken. Die Luft trägt sie, das Wetter treibt sie, gegen den Sturm kämpfen sie an. Die Sonne zwischen den Wolken gibt ihnen ihren silbernen Glanz. Vergessen wir nicht: Der Geist, der »lebendig macht«, ist Wind, Hauch, Sturm. Ist Energie, Bewegung, Dynamik. Er nimmt uns mit auf ein Ziel zu. Er ist Hoffnung, Vision, Ekstase.

Es muss doch nicht sein, dass wir Menschen unsere kostbare Zeit verbringen wie eine Herde lahmer Enten, die sich im Gras rund um den Dorfteich ihrer Ängste ergehen und sich dabei selbstbewusst und gravitätisch gebärden. Dass man, weil man es gewöhnt ist, sich und anderen vorsagt, was man immer gesagt hat und selten gewagt hat zu sein: »Wir sind die freie Welt!«, während der sehnlichste Wunsch der Versammelten der bleibt, es möge doch bitte niemand die Flügel regen und etwas so Gefährliches tun, wie sich in die Freiheit zu erheben! Eine Veränderung wagen! Eine Ekstase riskieren! Ernstnehmen, was man zu glauben vorgibt! Es könnte auf solche Weise doch tatsächlich etwas Befreiendes, etwas Mutiges, etwas Wirksames geschehen! Es könnte ja etwas von Bewegung einsetzen, etwas von Richtung sichtbar, etwas von einem Ziel ahnbar werden!

*

Die Situation ist merkwürdig. Wir stehen in einem Garten, der uns gehört, vor einem Haus, das auf unseren Namen im Grundbuch eingetragen ist, und träumen vom freien Flug über die Kontinente. Aber es ist wohl einer der Widersprüche, aus denen ein Mensch nicht herauskommt, der mehr sucht, als er finden wird, der mehr will, als in seiner Reichweite ist. Es bleibt uns wohl nicht mehr, als hin und wieder einen Gedanken zu denken, der uns überholt, uns, die Fußgänger auf dieser Erde, und es wird wohl gelten, beides zu bewahren, das dauernde Wohnen auf der Erde und den seltsamen, den immer wieder nur versuchten Tanz auf den Windböen der Zeit.

Die Luft und der Klang

Wir sind noch müde von den langen Wegen der Vortage und suchen uns für heute nur einen schönen Platz, von dem aus das Meer zu sehen ist, auf einer höheren Düne unten am Wasser. Zwischen wehendem, trockenem Gras. Der Wind wechselt zwischen Südwest und Nordwest, das Meer zeigt da und dort kleine Schaumkronen.

Es ist viel Klang in der Luft. Das Brausen der Brandung. Der Wind, der über die Düne rauscht, der Schrei der Möwen. Ein Drachen, den ein Kind hat steigen lassen und der sich mit scharfem Geknatter wild um sich selbst im Kreis dreht. Die Luft mit ihrer Musik und mit ihrer Kraft ist das dominierende Element. Sie umgibt mich einmal als Windstille oder als sanftes Wehen, als Brise, oder sie greift mich an als Wind, Sturm, Orkan. Indem die Luft gegen mich andringt, verstehe ich, warum in der Bibel der Wind für den Geist Gottes steht, den herausfordernden, den klärenden, schaffenden Geist, der alles bewegt, was irgend leben will.

Und wirklich, wer nach dem Sinn dieses seltsamen Lebens sucht, wird vom Geist Gottes reden müssen, oder er hat keine Antwort. Wer von der Einzigartigkeit des Menschen im Kreis der Geschöpfe überzeugt sein will, wird vom Geist Gottes reden. Wer sagen will, was denn an der Wandlung eines Menschen segensreich und heilvoll sei, wird von der Ursprungskraft aller Wandlung sprechen, vom Geist aus Gott. Noch immer, sagt Jesus, kommt der Geist, der im Urbeginn über den Wassern war, über die Menschenseele und über ihre künftige Gestalt.

*

Wenn aber von dieser künftigen, von Gott geschaffenen Welt und vom neuen Menschen geredet werden soll, spielt die Bibel wiederum mit diesem Element. Die Luft hat ja die Fähigkeit, zu schwingen und Schall weiter zu tragen. Spricht die Bibel von der Zielgestalt der Welt, so spricht sie von »himmlischer Musik«. Vom »Lobgesang« der Engel und der Menschen, wie später Johannes Kepler von der »harmonia mundi«, der inneren Übereinstimmung aller Dinge, spricht.

*

Dass die Welt voll von Klängen ist, hat mich schon früh tief ergriffen. Und ich habe meine erste Musik nicht mit einem Instrument hervorgebracht, auch nicht mit meiner Stimme, sondern mit der Luft, mit dem Wind. Als ich ein kleiner Junge war, machten einer meiner Brüder und ich Steine zu unseren Instrumenten. Wir suchten uns prismenförmige Kalksteine mit runden ausgewaschenen Hohlräumen, legten sie, wie ich schon erzählte, in eine Schnurschleuder, die wir über dem Kopf im Kreis schwangen und aus der wir den Stein mit großer Geschwindigkeit schleuderten, bis zweihundert Meter weit über eine Heide oder ein Feld.

Durch die schnelle Eigendrehung der Steine entstand ein zauberhafter Klang, ein Schwingen und Rauschen und Singen, ein Brausen oder Schnattern oder Summen oder Heulen. Der Gesang der Steine unter dem offenen Himmel über den Heidehügeln war die erste Musik, die mich wirklich bewegt hat und die ich geliebt habe.

*

Klang entsteht, breitet sich aus, dehnt sich in der Zeit, läuft durch den Raum. Kugelförmig breitet er sich, spiralig oder gerichtet, schwingt zurück und kehrt wieder, weckt andere Klänge, die wieder ihrem eigenen Gesetz folgen. Und je nachdem, was da schwingt, kann der Ton heilen oder verletzen, lebendig machen oder einlullen, wach machen oder verführen.

In einer Saite beginnt der Klang. Im Raum der Resonanz, im Instrument weitet er sich, in den großen Raum schwingt er aus, von den Grenzen des Raums federt er zurück. Der Raum schafft die Farbe des Klangs, die Färbung, wie wir sagen, des Tons. Wir

Menschen aber äußern unsere Lebendigkeit im rhythmischen Leben unseres Körpers, im Klang unseres Herzschlags und dem Ein- und Ausgehen unseres Atems. Wir machen den Rhythmus unseres Körpers nicht, der läuft aus seiner eigenen Kraft und nach seinem eigenen Gesetz.

Wenn wir singen, dann lassen wir den eigenen inneren Rhythmus und die eigene innere Melodie mit dem Instrument der Stimme und mit der Luft spielen. Wir geben unserer Seele mit allem, was in ihr lebt, im freien Raum der Luft eine lebendige Gestalt. Was an Stimmungen in uns ist, rein oder unrein, versuchen wir auf einen reinen Ton zu stimmen, und das mit Hilfe des Atems. Mit dem Wind.

Wir lassen also, wenn das gilt, viel, was in uns selbst nicht stimmig ist, leichten Herzens dem Wind, dem Geist Gottes, und vertrauen darauf, dass er uns einstimmen wird in das Lied aller Dinge. Dass er es über die Ufer dieser Welt hinausführen wird in das große Tönen der größeren Welt.

Es ist im Grunde kein Unterschied zwischen Musik und Licht. Der Unterschied zwischen beiden liegt nur in der Zahl ihrer Schwingungen. Aber wir Menschen bedürfen zweier Organe, um das eine und das andere wahrzunehmen. Aller Raum ist Klang. Alles ist Licht. Und alles Licht klingt. Ich lasse eine der langen trockenen Sandseggen durch meine Hand laufen und sage ihr: Ja. Auch du bist Licht und Klang wie wir alle. Und das ist gut so. Ist schön.

Der Ring schließt sich

Nächtlicher Heimweg

An einem Abend nach einer langen Wanderung unter einem schweren, bedeckten Himmel kommen wir irgendwo auf einer Düne an. Das Licht wird schwächer. Die Dämmerung deutet sich früh an unter den dichten Wolken. Eine gute Stunde haben wir noch zu gehen. Ehe es Nacht ist, müssen wir zu Hause sein.

Bei solcher Witterung ist in der Nacht unter der Düne am Rand des Wassers nichts zu sehen. Nichts gibt die geringste Helligkeit. Kein Stern. Kein Schein einer nahen Stadt. Kein Fenster eines Hauses. Das ist einer der Gründe, warum ich diesen einsamen Flecken Erde und Meer liebe. Da ist noch Nacht, wenn Nacht ist. Aber wenn die Nacht so schwarz ist, so vollkommen in ihre Finsternis versunken, wie ich sie hier manchmal erlebe, dann ist es gut, keinen Weg suchen zu müssen. Bald wird man die Muschelschalen und die Spuren im Sand mehr noch ahnen als sehen.

Als ich etwas rascher ausgreife, bemerke ich ein leichtes Ziehen in den Beinen. Ja. Ich bin alt. Ich stamme aus einer anderen Zeit. Ich bin »von früher«, wie Karl Valentin gesagt hat:

»Heutzutag wird kein Mensch mehr alt.
Die, die heut alt sind, die sind alle von früher.«

Gut. Ich bin aus einer andern Zeit. Ich muss die Welt nicht mehr in Ordnung bringen, wie etwa der junge Hamlet seine Aufgabe einschätzt:

»Die Welt ist aus den Fugen! Schmach und Gram,
dass ich zur Welt, sie einzurichten, kam.«

Wozu kam ich zur Welt? Vielleicht nur, um sie einigermaßen dankbar zu bewohnen. Wenn es etwas einzurichten gab, dann war das wohl eher der eigene Mensch, damit, was von ihm ausging, für andere erträglich wurde. Viel aus dieser Welt, das ich früher gerne »eingerichtet« hätte, hat seine Faszination verloren. Auch viel Schönes wie etwa die Abenteuer irgendwo in der Welt, die mich früher begeistert haben. Sie waren wunderbar und sehr mühevoll. Ich kann heute ruhig Schritt vor Schritt setzen. Es ist nicht nur mühsam, alt zu sein, es ist auch gut. Es ist eine andersartige, reiche Lebensphase, solange Leib und Seele von ihren Kräften nicht ganz verlassen sind.

*

Es ist eine Zeit des Zusammenzählens. Des Übersichtgewinnens. Was ist gewesen? Warum so und nicht anders? Warum konnte dies und jenes nicht gelingen? Was hätte anders laufen müssen? Das kann ganz ohne Selbstquälerei gehen, einfach um der Klarheit willen.

In viel Dunkelheit habe ich gesehen. In viel Dunkelheit auch in mir selbst. Tief unter den entschuldbaren Fehlern, die einem Anfänger in irgendeiner Lebensphase immer unterlaufen werden, ist viel misslungen, weil ich mir selbst im Weg stand. Weil ich es selbst wollte, selbst durchzog, selbst durchsetzte, selbst vollenden wollte. Ein alter Mensch ist ein Abgrund. Viel ist in seinen Kellerräumen, das nicht hätte geschehen, nicht so verletzend hätte wirken dürfen. Er müsste eigentlich sich bei jedem Menschen entschuldigen, mit dem er je zu tun hatte, ob er sich nun eines Unrechts bewusst ist oder nicht. Am Ende wird mir klar sein: Ich habe nichts anzubieten, wenn Gott mich fragt wie den Hauptmann von Köpenick: »Was hast du denn gemacht mit dein Leben?« Und ich werde nicht viel mehr zu antworten haben als jener nach seinem armseligen Leben: »Fußmatte!« Ich werde mich aber darauf verlassen, dass ich danach auf einer anderen Grundlage stehen werde als auf meiner selbstgemachten Fußmatte.

Die Dunkelheit wird stärker. Ich sehe von mir selbst kaum noch etwas. Kaum die Hand, die ich mir vor

Augen halte. Nicht die Schuhe, die über den Sand gehen. Das ist wohl eines der Ergebnisse unseres Erinnerns. Dass die Klarheit, die so nötig wäre, nicht entsteht. Dass einer sich selbst immer dunkler wird. Am Ende wird nur Gott noch sehen, was da war. Am Ende wird der kleine Mensch auf ihn zugehen in der Hoffnung, er werde in der Begegnung mit Gott erkennen, wer er war. Und darauf vertrauen, dass die neue Gestalt, die er empfängt, anders ist als das, was war.

Wenn einer hört, was ihm der Mann aus Nazareth sagt, dann braucht er sich selbst nicht hinter sich her zu schleppen. Er braucht auch nicht hinter sich selbst her zu hinken. Er kann seinen langsamer werdenden Schritt frei setzen. Auch als alter Mensch braucht er nicht die Last seines ganzen Lebens zu ziehen. Zumal, wenn er bemerkt, dass seine abnehmenden Kräfte in ein höheres Tempo der Zeit eingespannt werden. Denn das sehen wir doch: Das Schulheft unserer Tage wird von einem immer stärkeren Wind immer schneller umgeblättert. Zuletzt so schnell, dass wir die Schrift kaum mehr lesen können, die die Tage uns zeigen, und das meiste ungelesen ins Vergessen fällt.

*

Als ich jung war an diesem Ufer, fragte ich mich mit Leidenschaft nach dem Sinn meines Weges. Ich wusste noch nicht, dass ich alles wissen müsste, was Gott weiß, wollte ich über den Sinn meines Daseins eine Auskunft gewinnen. Inzwischen hat sich diese bohrende Suche nach dem Sinn gewandelt in die Frage nach der Wahrheit. Die Sinnfrage ist die Frage eines jungen Menschen. Und die Antwort, die er findet, wird vielleicht nur der Anfang der bodenlosen Schwermut seiner jungen Jahre sein.

Wahrheit suchen wir später. Sie aber wird nicht mehr zeigen als die nächsten Schritte. Vor allem wird sie uns zeigen, dass mehr zu finden als einen Weg für die nächsten Schritte nicht nötig ist.

Heute wird die Frage nach dem Sinnganzen des Universums vor allem auch von denen gestellt, die naturwissenschaftlich in der vordersten Linie des Nachdenkens stehen. Die Frage nach der Rolle des Menschen im All, nach dem Stand und dem Ziel der Evolution, nach einem Zweck, der vielleicht die Zeitgrenze des Universums überdauern könnte. Und viele finden die Sinnlosigkeit. »Die letzten Naturgesetze, wenn wir sie entdeckt haben«, sagt der Physiker Weinberg, »werden etwas Eisiges, Kaltes und Unpersönliches an sich haben.« Vermutlich ist schon die Frage nach dem, was »zuletzt« ist, unangemessen. Sie dürfte außerhalb der Fassungskraft der menschlichen Vernunft liegen.

Eine optimistischere Sicht sieht uns Menschen noch immer auf der Reise aus einer primitiven Welt von

Unvernunft in eine Welt immer größerer Freiheit und Einsicht. Eine pessimistischere auf der Reise in ein unaufhaltsames Untergehen. In eine immer gefährlicher werdende Spaltung zwischen uns Menschen und dem Rest der Wirklichkeit. In die ethische Ratlosigkeit. Die geistige Leere. Den ökologischen Kollaps.

Und wirklich: Solange wir Menschen unseren abgespaltenen Geist für die einzige Art Geist im Kosmos halten, wird sich uns weder ein Sinn noch eine Wahrheit andeuten können. Und solange wird, wie Gregory Bateson, der englische Biologe, sagt, »die Wahrscheinlichkeit unseres Überlebens als Menschheit so gering sein wie die eines Schneeballs in der Hölle«.

*

Eines der Geschenke, die das Alter uns überreicht, ist dies, dass die Dunkelheiten unseres Nachdenkens nicht mehr die Macht haben, mit der sie in unseren jungen Jahren über uns herrschten, und dass wir auch unsere eigene, wirre Jugend freundlich sehen können.

Ein junger Mann saß in einer Burgstube und schleuderte sein Tintenfass an die Wand, an der ihm die Fratze des Teufels erschien. Der Junge, der ich selbst einmal war, warf damals in seiner Soldatenbaracke seine Tintenfässer, die Traurigkeiten, aus denen er seine Gesänge holte, nach allen Seiten gegen seine

Feinde und verlor dabei die schönsten seiner Träume. Die Welt wurde ihm feindlich. Er warf, und die Teufel blieben. Aber, so denkt der Altgewordene, könnte es nicht auch freundlichere Wege geben, der Seele Licht zu verschaffen, als das Werfen von Tintenfässern? Die Gedanken kommen und gehen.

*

Und abgesehen von ihm selbst: Was ist denn wichtiger als er allein? Wenn er etwa die Kirche, für die er sein Leben lang gehofft und gestritten hat, betrachtet? Wo sucht er sie? Irgendwo in der Ferne? Manchmal will uns scheinen, wir müssten sie erfinden auf den langen Wegen der Suche nach ihrer wahren Gestalt. Rilke schreibt:

»Manchmal steht einer auf beim Abendbrot
und geht hinaus und geht und geht und geht,
weil eine Kirche wo im Osten steht.
Und seine Kinder segnen ihn wie tot.

Und einer, welcher stirbt in seinem Haus,
bleibt drinnen wohnen, bleibt in Tisch und Glas,
so dass die Kinder in die Welt hinaus
zu jener Kirche ziehn, die er vergaß.«

Aber mir will scheinen, die gesuchte »Kirche« sei dort, wo wir uns aufhalten. Sie sei nicht anderswo. Und darum komme es darauf an, in unserer eigenen Welt und auf dem Boden unserer Dinge unterwegs zu sein.

Ich denke an Jesus. Er blieb auf der Erde seiner Heimat. Und dort neigte er sich zu denen, die krank oder schuldig waren, und heilte sie. Zu denen, die im Schatten eines Dämons standen. Er nahm es mit Irrtum auf und Hass und zeigte ein Reich, in dem beide überwunden sein würden. Er schützte sich nicht. Er ging in den Schatten, der über der Landschaft der menschlichen Seele lastet, und umarmte die verdüsterten Geschwister.

Die Welt wird nicht zu retten sein anders als durch Menschen, die sich unter viel Last beugen. Sie wandern vielleicht irrend und bedroht über diese Erde, gefährdet innen und außen, geführt zugleich und begnadet, und sollen wissen, dass am Ende nichts bleibt, das nicht von der Liebe Gottes umfangen wäre. Wir gehen also auch unsere eigenen Wege weiter zwischen Meer und Geröll und erbitten uns, dass unser Herz fest wird. Nicht hart, sondern fest. Leidensfähig und gewiss. Und während ich in das letzte Licht hinausspähe, fällt mir ein Gebet ein, dass der irische Mönch Cormac († 903) gesprochen hat:

»Willst du meine brüchige schwarze Barke steuern
über die Gischt des dunklen, weiten Ozeans?

Willst du, Herr, in mein Boot kommen,
in dem auf See mein Wille sonst irrte?

Denn du bist es, der festlegt,
wann das Leben eines Menschen endet,
dem Regen gleich.

Gott, gewähre mir deine Hilfe,
der du über das aufschäumende Meer kommst.«

Da und dort reißt in der Wolkendecke ein Spalt auf. Ein einzelner Stern wird sichtbar. Ich weiß nicht, welcher es ist. Der Lichtstrahl, der uns von ihm trifft, ging vielleicht von diesem Stern aus, als bei uns die Saurier durch die Urwälder stapften oder lange davor. In diesen langen Zeiträumen aber ist der Stern ganz anderswo hingewandert, als wo ich ihn heute sehe. Was ist da Zeit? Was ist Gegenwart? Was Augenblick? Seltsam reißt die Wirklichkeit auseinander. Aber wir sehen, dass es ihn gibt oder jedenfalls gegeben hat, und gehen unseren Weg auf dieser festen Erde. Am Ende zwischen Büschen und in einem dunklen Wald. Am Ziel aber wird die Hütte stehen, die wir suchen, und sie wird uns freundlich aufnehmen.

Die Bäume der Kindheit

Es wird warm heute. Wir legen einen Tag ein, den wir im Garten an unserer Hütte verbringen. Es ist Einiges zu tun. Erde aufhacken rund um die Stämmchen, die unendlichen Kiefernnadeln zusammenziehen, die von den Bäumen wehen. Düngen, Binden. Moos auf kahlen Stellen anlegen.

Und das alles zusammen mit dem seltsamen Getier der Fangschrecken und der Gottesanbeterinnen, mit den zutraulichen Rotkehlchen und Eichelhähern. Auch mit den Amseln, die so gar kein Verständnis aufbringen für einen schön ausgelegten Moosteppich und ihn bei ihrer Suche nach Fressbarem in kleine Flocken zerreißen.

Und dazwischen immer wieder: Ruhen im Schatten der Hütte, dem sanften Wiegen der Baumkronen zusehen und dem Winken der Astspitzen. Wir leben hier ja in einer einsamen Monokultur von Kiefern, mit deren Hilfe der französische Staat vor hundertfünfzig Jahren die unendlichen, nassen Moorauen trockengelegt hat. Sie reicht mit wenigen Unterbrechungen von hier bis fast zu den Pyrenäen und lässt sonstigem Leben von Pflanzen und Tieren nur wenig Raum. Wir suchen geringfügig gegenzusteuern mit den grünen Büschen, die wir zwischen den trockenen Bäumen ansiedeln.

Die Schritte meiner Frau höre ich, als sie aus dem Haus tritt. Ich weiß ihre Gedanken nicht weit von den meinen. Ihr ist es zu verdanken, dass aus der Wildnis meiner jungen Jahre der gemeinsame Garten unserer Ehe und unserer Familie geworden ist. Sie hat mir das Maß gezeigt, das uns beiden angemessen sei, mit ihrer genauen Kenntnis von uns beiden. Sie hat mir geholfen, in den hin- und her lärmenden Auseinandersetzungen von Jahrzehnten im Frieden das Meine zu tun. Und mit ihr danke ich dem ganzen geliebten Rudel unserer Kinder und Enkel für die selbstverständliche Nähe, in der wir alle miteinander leben.

*

»Vor seiner Hütte ruhig im Schatten sitzt
der Pflüger, dem Genügsamen raucht sein Herd …«

schreibt Hölderlin. So sitzen wir manchmal gelassen, und der Herd braucht nicht zu rauchen. Wir sitzen vor der Haustür unseres Gedächtnisses und lassen die Erinnerungen ein- und ausspazieren und freuen uns an ihnen. »Weißt du noch?« Wir sparen auch die langen Leidenszeiten meiner Frau nicht aus. Alle die schweren Monate und Jahre, in denen durchaus nicht gewiss war, dass unser gemeinsamer Weg noch sehr weit führen würde. Er ist weitergegangen. Zeichen einer Gnade.

Georg Friedrich Händel, der Musiker, sagte am Ende seiner Tage: »Die Arbeit ist getan. Die Werkstatt ist aufgeräumt.« Meine Arbeit ist noch nicht ganz getan. Und ob die Werkstatt sich in ihrem Ruhezustand sehen lassen kann, weiß ich nicht so genau. Wichtig ist nur in meinem Kopf wie in meiner Tischlerwerkstatt zu Hause, das Werkzeug ordentlich an seinen Platz zu legen oder zu hängen. Ich kann nicht sagen: Ich will meine Arbeit zur Vollendung führen. Das wird nicht gelingen. Ich kann aber auch nicht sagen: Ich sehe sie als abgeschlossen an. Auch das funktioniert nicht. So tue ich sie eben, solange sie zu tun ist. Etwa auch die seltsame Verrücktheit, ein Jahr lang an einem Buch zu schreiben, während ich doch auch für zwanzig Euro eins kaufen könnte.

Was ist noch wichtig? Nichts anders haben wollen. Nicht klagen über irgendetwas, das gefehlt hat. Niemandem Vorwürfe machen, auch Gott nicht. Niemanden anklagen. Von niemandem Dankbarkeit erwarten oder Respekt. Vor allem an die Menschen denken, von denen wir gelernt haben, von denen uns die Kräfte zugespielt wurden, mit denen wir unsere Arbeit getan haben. Die Meisterinnen und Meister, die uns lehrten, wie man mit der täglichen Handarbeit des Lebens zurechtkommt. Wir empfangen ja viel mehr, als wir je erstatten können.

*

Während wir dasitzen, streift mein Blick über die Kiefernstämme, die rund um unseren Garten stehen. Sie sind alle von dem ständigen Westwind, der vom Meer kommt, ein wenig geneigt nach Osten hin, gespickt mit Resten von trockenen, kurzen Ästen. Charaktervoller, eigensinniger Stil.

Wie ich so versunken bin in mein ungenaues Hinschauen, stehen mir andere Bäume vor Augen, die in meinem Leben eine wichtige Rolle gespielt haben. Mit zehn Jahren etwa fing ich an, mir in den verträumten Tälern und Wäldern und Felsenhängen meiner Heimat ein eigenes Leben einzurichten. Oft saß ich in den Abendstunden irgendwo auf einer Felsspitze und schaute in das abendliche Licht. Wenn ich heute den schmalen Steig hinaufgehe zum Sirgenstein und seiner tiefen Höhle, dann ist es immer noch mein Weg, und ich bin bei jedem Schritt tiefer zu Hause.

Oft und oft stand ich lange zwischen den wunderbaren Bäumen mit ihren hohen, glatten Stämmen, den Buchen dieses Kalkgebirges, der Schwäbischen Alb, und stellte mir vor, ich sei eine von ihnen, die wie Säulen seit hundert Jahren stehen, vielleicht auch seit zweihundert. Die noch immer wachsen. Sie wachsen in ihr Wurzelwerk hinab und bauen es aus zu einer zweiten, tief in der Erde ruhenden Krone. Sie wachsen hinauf in ihren Stamm und immer höher in die Äste und Zweige. Wenn ich eine von ihnen bin, so empfand ich, dann bin ich dazu bestimmt zu wachsen. Überall hin. Wenn ich heute zurücksehe, so sehe ich mich wie ein Eichhörnchen sammeln. Eindrücke. Bilder. Begegnungen mit dem, was im Grund eines Waldes lebt. Freundliche, Vertrauen erweckende Stimmen. Bis heute zehre ich davon, wie dort, in meinen einsamen steilen Waldgärten, die Gewissheit allmählich heranwuchs, das Leben sei etwas, das bestanden werden könne.

*

Unter einem Baum stand ich im Regen. Von seinen Blättern tropfte es und tropfte. Und der Baum war, so schien mir, dessen zufrieden. Es war derselbe Baum, der an einem anderen Tag mit seiner Krone das Licht der Sonne auffing oder auf seinen Armen eine Last von Schnee trug. Der im winterlichen Nebel als seltsam fremdes Wesen dämmerte, bis er wieder seine klare Gestalt gewann. Unter ihm war Verlässlichkeit. Über ihm waren die Bläue oder die jagende Wolke. Er wandelte sich mit den Jahreszeiten.

Und er stand. Er blieb bei sich selbst. Was mich besonders faszinierte, war sein Wurzelwerk. Was mag es alles an Gestein und Getier umschließen, an Erde und Geröll? Und wenn ich heute daran weiterdenke: Was für eine Kraft in den feinen, weit verzweigten Wurzeln! Gehe ich ihnen nach, so empfinde ich, ich läse die Schrift des Lebens rückwärts, dorthin, wo es herkommt, herauf aus seinen Ursprüngen. Wir sollen ja, wenn wir uns schon in himmelhohe Gedanken über die Wipfel hinaufträumen, in dieses Leben einwurzeln. Eins werden mit dem Erdboden. Einwurzeln in den dunklen, unbekannten Grund. Wenn wir also, wie manche mit Recht sagen, unsere Wurzeln im Himmel haben, dann ist die dunkle, steinige Erde unser erster Himmel.

Als ich ein Kind war, führte mich der gütige alte Prälat, der damals in dem gewaltigen Münster meiner Heimatstadt amtierte, einmal durch den ungeheuren Raum und zeigte mir die Kräfte, die aus dem festen Fußboden über die Pfeiler hinaufstrebten, sich in die einzelnen Dienste verzweigten und oben miteinander zu einem Dach wurden, in dem die feinen Netzwerke von Ästen und Blättern, von Bogenrippen und Schlusssteinen zusammenwuchsen und sich verflochten. Es war eine der entscheidenden Erfahrungen meiner Kindheit.

Danach stand ich wieder in meinem Wald, überzeugt, dass die Baumeister dieser Kirche sie dem Buchenwald an den Hängen meiner Heimat nur nachgebaut hätten. Und beides verband sich zu dem Willen: So müsste man wachsen, so müsste man werden. Ein solches Leben müsste man führen.

Die mystische Welt meiner Kinderjahre ist inzwischen durch viele Wandlungen gegangen. Sie hat ihre zauberische Intimität nicht eingebüßt, aber sie ist eins geworden mit der großen Wirklichkeit dieser Erde. Ich bin später aus diesem Wald hinausgetreten in die offene Landschaft meiner Zeit, und die ist mir, mit durch die Erinnerung an meine frühen Erfahrungen, zu einer bewohnbaren Welt geworden. Was mir dabei bewahrt worden ist, das ist ein Urvertrauen in die kosmische Zugeneigtheit alles Lebendigen, wie Rilke es einmal in einem kleinen Vers sagt:

»Ein jedes Ding ist überwacht
von einer flugbereiten Güte
wie jeder Stein und jede Blüte
und jedes kleine Kind bei Nacht.«

*

Warum ich so viel aus meiner Kindheit erzähle? Und warum ich mich darin immer wiederhole? Ganz einfach: Ich bin eben ein alter Mann und war damit meinen Kinderjahren nie so nahe wie heute. Ich war sieben oder acht Jahre alt. Da die Welt der Menschen mir fremd war, zog es mich gelegentlich an freien Tagen in ein verstecktes Tal in der Nähe von Ulm, das Schammertal, das damals noch unverbaut war. Wunderbare Heidehänge bildeten sein verschwiegenes Ende. Schafherden da und dort. Einzeln stehende rie-

sige Hainbuchen, und unter einer von ihnen rann ein Brunnen in einen Trog so lang wie ein Baumstamm. Für die Schafe. Und für mich. Dort legte ich mich in das kurze, trockene Gras und suchte nach den Löchern der Grillen, die überall rundum musizierten. Ich steckte einen Grashalm hinein und drehte ihn hin und her, so dass die Grillen herauskamen, um zu sehen, wer sie störte. Ich fing sie und redete mit ihnen. Auf diesem Heidehügel, so empfand ich, bei dem dürren Gras und den weißen Steinen, war ich nahe bei meiner Mutter. Die Grillen aber mussten mir erzählen, wie es sei, drunten bei der Mutter. Ich habe diese Grillen geliebt. Ebenso wie die warme Heide, die mir versicherte, irgendwo in der Welt sei noch ein Zuhause. Und noch später hatte Gott, der Vater, immer auch etwas an sich von einer Mutter, und zuweilen war das Mütterliche in Gott wichtiger. Wenn es aber darum ging, irgendwann mit etwas Neuem zurechtzukommen, sehe ich mich an jenem Heidehang in der Sonne liegen und mit den Grillen reden. Das war es, was mich auch in meinem wurzellosen Kriegsdasein »geerdet« hat: die Vertrautheit mit Büschen und mit Tieren und mit der geliebten Erde. Mit den wurzelstarken Wäldern meiner Heimat. Und so rede ich nicht nur mit Grillen über die Mutter, sondern auch mit Gott, und sage ihm, einer meiner wichtigsten Wünsche an den Himmel sei der, ich möge ihr endlich begegnen.

*

Hier, unter den rauen Kiefern, ist von der Großartigkeit jener mächtigen Buchen wenig wiederzuerkennen. Hier ist alles karger. Kiefern eignen sich nicht im selben Maß zur Meditation. Sie sind Verbrauchsgut. Rasch gewachsen. Rasch verbraucht. Ihr Holz eignet sich nicht für gotische Madonnen, wohl aber für die echten und schlichten Möbel, die in der Tischlerwerkstatt neben meinem Arbeitszimmer entstanden sind. Die Wiegen für unsere Enkel und ihre Kinderzimmermöbel. Ich habe dieses lebendige, feste Holz neben dem Holz der Kirsche immer besonders geliebt.

Hier ist es oft so wenig begehrt, dass sich die Abfuhr nicht lohnt und die Stämme liegen bleiben, wohin sie fielen. Aber gerade dann sind sie mir freundliche Bilder für die Bescheidenheit, die beim Rückblick über eine Lebensarbeit am Platz ist. Und für die Kürze der Zeit.

*

Man lernt ja in seinen alten Tagen Manches ganz unmerklich, das man in der Eile seiner betriebsamen Jahre nicht lernen konnte. Zum Beispiel, dass die Zeit, die immer schneller weitertreibende, durchaus auch eine innere Ruhe hat. Sie eilt nicht mehr, sie kann auch spazieren, bummeln oder stehen bleiben. Alles hat seinen Ort, das Wichtige und das Unwichtige. Das

Gute und das weniger Gute. Neben den großen Träumen von früher hat auch die neue kleine Mühsal ihre eigene Würde.

Alles hat seine Zeit, sagt die Bibel. Alles lebt und atmet und hat sein Recht. Alles fügt sich ineinander, ist abgestimmt auf das Ganze. Auch wir selbst. Es ist ja nicht wichtig, vollkommen zu werden. Wirklich nicht. Wichtiger ist, dass in uns etwas entsteht wie ein gelassener Mensch, der freundlich aus der Hand gibt, was ihm die Unruhe seines äußeren und inneren Lebens gebracht hat.

Ich muss nicht mehr glauben, dass ich selbst etwas aus mir machen muss. Ich weiß mich geschaffen. Ich brauche meinen Weg nicht mehr zu suchen. Ich weiß mich geführt. Ich muss meine eigenen Gedanken nicht mehr gar so wichtig finden. Ich glaube nicht mehr, dass sie irgendetwas verstehen. Oder meine Pläne. Der Sinn meines Lebens hängt nicht daran, ob ich sie erreicht habe. Meine Sorgen. Ich glaube nicht mehr, dass ich mit ihnen irgendetwas am Lauf der Welt oder am Geschick der Meinen ändere.

Oder meine Abwehrbereitschaft gegen die Übermacht irgendwelcher Mächte. Wenn ich Jesus sehe: Er war wehrlos zwischen den Mächtigen. Die Mächtigen sind untergegangen. Er lebt.

Und das Bangen vor meinem eigenen Versagen? Nein, ich brauche nicht fehlerlos zu sein, wenn ich gesegnet mein Leben ende nach Gottes Willen. Ich brauche nicht mehr gegen verschlossene Türen zu rennen. Sie werden sich öffnen.

*

Eines Tages werden wir für die weiten Reisen hierher zu alt sein. Dann wird, was wir hier angelegt haben, rasch verwildern. Vielleicht wird auch eines unserer Kinder es weiterpflegen. Aber hängt die Existenz von uns Menschen dieser Zeit nicht ohnedies auf Tod und Leben davon ab, dass die Natur die Kraft hat, rasch in ihren lebendigen Zustand zurückzukehren, wenn unsere zugreifenden Hände irgendwo von ihr lassen? Rettet uns nicht die wilde Lebenskraft der Natur immer wieder und hoffentlich auch in Zukunft vor den zerstörenden Konsequenzen unseres zivilisatorischen Tuns? Wie sollte ich gegen irgendeine Wildnis etwas einzuwenden haben, auch wenn sie unseren geordneten Garten überwächst?

Rückkehr zu den Ursprüngen ist der Sinn der Lebensphase, die wir das Alter nennen. Zu den Wurzeln. Man beginnt mit dem ekstatischen Staunen über die Pfeiler einer Kathedrale. Man endet in einem bescheidenen Nutzwald von durchaus unsicherem Nutzen. Man erkennt in ihm das Handwerk Gottes und stellt sich ihm als Nutzholz zur Verfügung. Ein Garten ist schön, solange ein Mensch in ihm lebt und sich in ihm ausdrückt. Danach aber wird auch der Wildwuchs wieder voll von lebendiger Kraft und seinem eigenen Recht gehorsam sein.

Abendliche Farben

Durch eine lange Nacht hin tobte der Sturm um das Haus. Die Baumkronen wehten wie schwarze Fahnen in der Dunkelheit. Die Hütte knarrte in allen Fugen und Balken. Spät erst wurde es hell. Tief hängende dunkle Wolken trieben über den Wipfeln nach Osten. Fast klang es, als kehrte der Orkan zurück, der vor fünf Jahren mit seiner zerstörenden Kraft über dieses Waldgebiet gekommen war.

Damals lagen am Morgen danach die abgerissenen Stämme und zerbrochenen Kronen um unsere Hütte. Auf unser leichtes Holzhaus waren damals zwei mächtige Kiefern gestürzt. Es war danach durchaus nicht klar, ob dies nicht das Ende unserer langen Aufenthalte an dieser Küste gewesen sei.

Gegen Morgen ließ der Sturm nach, die Sonne brach durch, und es wurde ein strahlender Tag. Am lichten, blauen Nachmittag gingen wir wieder unseren gewohnten Weg hinunter ans Wasser und die lange Küste entlang. Wir Christen reden immer so viel vom Willen Gottes, den es zu erfüllen gelte, in der Meinung, wir kennten ihn. Vielleicht erfüllen wir ihn vor allem in einem Fall, dem nämlich, dass Gott uns einen lichtdurchfluteten Tag schenkt und wir ihn von Herzen genießen.

Und so genossen wir diesen blauen Nachmittag voller Möwen, Raben, Tauben und Strandläufern, vor einem stillen Meer mit zwei fernen Segeln am Horizont und einem Himmel voll hochgetürmter Haufenwolken. Die Tage an diesem schönen Platz gehen ihrem Ende zu. Wir denken nach diesen langen acht Wochen an den Abschied und an die Fahrt nach Hause.

Ein Dichter der Navajo in der Wüste von Arizona schreibt:

»In meinem Rücken ist Segen bis hin zu den Bergen.
Vor mir ist Segen bis zu den Bergen,
unter mir liegt Segen auf der Erde,
über mir wölbt sich Segen bis zum Himmel.

So gehe ich, wenn der Morgen anbricht.
Hinter mir bleibt der Segen, wo immer ich gehe.
Vor mir wartet Segen auf mich, wo immer ich gehe.
Und so gehe ich. Wenn der Tag anbricht, gehe ich.«

Wir sind Wanderer. Wanderer über die Erde. Wanderer durch die Zeit. Wanderer, die in sich selbst fortgehen von einer Gestalt in die nächste. Wir sind mehr, als wir von uns wissen. Wir sind nicht, was wir heute sind. Wir sind, wie das Dasein, das uns trägt, ein Weg.

Nach zwei Stunden des Wanderns über den feuchten Sand sind wir am Ziel, an jener Landfalte, die sich ein wenig ins Meer vorschiebt und den weiten Blick freigibt hinüber zum anderen Ufer der Gironde. Wir setzen uns auf einen ans Land geschwemmten Baumstamm und nehmen, ohne viel zu reden, Abschied von diesem kargen und schönen Fleck unserer Erde. Sagen: Wir kommen wieder, wenn wir getan haben, was zu Hause nötig war. Und wenn es der will, der uns führt.

*

Allmählich dringt ein helles Grau in das Blau des Himmels und des Meeres ein. Alles wird ein wenig blasser. Nach einer guten Stunde wird es Zeit, an den Heimweg zu denken. Das abendliche Licht wandelt sich allmählich in eine Andeutung von blassem Rot und Orange. Wir gehen und sehen zu, wie unsere Spuren hinter uns von den auslaufenden Wellenspitzen verwaschen werden. Noch immer über uns die getürmten weißen Wolken wie riesige Vögel am Himmel.

Und ich denke: Es ist so leise um uns. Alles ist so wach. Auch du bist leise. Du weißt wie ich, dass unser Gehen über den Sand mit seinem kleinen, bunten Muschelspielzeug irgendwann enden wird. Dann wird alles gut sein. Enden wird es wohl erst in der anderen Welt, dort aber wird es einen neuen Anfang nehmen. Wir verlassen uns jedenfalls darauf, dass die Ewigkeit eine unendlich bewahrende Kraft hat.

Unsere Liebe ist eigentlich nicht älter geworden in der langen Zeit. Anders, ja. Unmerklich. Dass wir selbst dabei älter geworden sind, brauchen wir – und das ist eines der Geheimnisse des Glücks – nicht zu verbergen. Und dass manches mühsamer wird, wenn beide die achtzig hinter sich haben, auch nicht.

Es braucht nicht viel zu geschehen. Nur die Gewissheit muss bleiben, dass einer oder eine da ist, der oder die mit offenen Augen sieht und eine Klage hört, ehe sie ausgesprochen wird. Denn natürlich werden die Augenblicke des Verzagens kommen, in denen der eine für den anderen den Mut bewahren muss. Und die Zeichen, die achtsamen, der Dankbarkeit müssen bleiben, auch wenn sie nicht immer der Worte bedürfen.

*

An meinem 83. Geburtstag überreichte mir Heidi ein Säckchen, gut ein Pfund schwer. Es fühlte sich an, als wäre grober Sand darin oder kleine Samen. Außen zeigte ein Schild die Zahl 21 721. Als ich es öffnete, waren es Weizenkörner aus dem Getreidevorrat, aus dem sie unser Brot zu backen pflegt. Die Zahl außen bedeutete die Zahl der Tage, die wir gemeinsam gelebt haben. Abgezählt, errechnet, gewogen. Es war seltsam erregend, eine kleine Handvoll davon herauszunehmen und durch die Finger rieseln zu lassen.

21 721. Welch eine ungeheure Zahl! Alles Tage! Was mag an ihnen alles geschehen sein, das die Erinnerung nicht festhalten konnte? Und es war doch gewesen. Was für ein Reichtum! Welch eine lange Geschichte!

Gelegentlich erleben wir das überraschte Staunen junger Menschen über die Tatsache, dass wir seit siebenundfünfzig Jahren verheiratet, seit fast sechzig Jahren verbunden sind. Wie das möglich sei, fragen sie, wie man das mache. Aber ich weiß selbst nicht so recht, ob ich das weiß. Wenn die wichtigen Dinge gelingen, haben sie immer auch Gründe, die außerhalb unseres Wahrnehmens liegen.

Die ich zu fassen bekomme, will ich nennen. Aber es sind vielleicht nicht einmal die entscheidenden.

Vielleicht ist das Erste, das helfen kann, ein Gönnen. Dem anderen eigene Wege gönnen, eigene Zeit, einen eigenen Zeitrhythmus, eigene Entscheidungen, eigene Wünsche. Eigene Freundschaften. Überhaupt ihm gönnen, dass er ein eigener Mensch ist, der sein Leben mit seinen eigenen Augen sieht.

Vielleicht ist es danach ein Lassen. Ein freilassender Respekt vor den Gedanken des anderen, die man nicht alle zu wissen braucht. Respekt vor seinen inneren Erfahrungen, die er nicht alle zu erzählen und die man selbst nicht zu wissen braucht. Ein Wissen auch, dass eine Frau und ein Mann kaum etwas gleich empfinden werden. Respekt auch vor dem Gebet, das verborgen im anderen geschieht, ohne dass es laut werden muss. Glaubensvorstellungen, die ganz die eigenen bleiben. Und vor allem, niemals verlangen, dass der eine den anderen zu imitieren habe.

Ein Drittes ist wohl das Dabeibleiben. Ein Bleiben auch in den Dunkelheiten, die über die Seele des anderen ziehen und die nicht vorschnell weggewischt werden wollen. Gerade das Dunkle braucht Zeit. Ein Bleiben an dem Lager, an dem der andere ein Leiden durchzustehen hat. Aber es dann dem anderen überlassen, zu sagen, was ihm wirklich hilft, und es nicht besser wissen wollen.

Etwas Viertes ist ganz sicher ein Weitergehen. Wenn eine Ungeschicklichkeit geschehen ist, ein Versäumen oder Versagen, wenn eine Verletzung zurückbleibt, weitergehen. Noch am selben Abend die Entfremdung oder den Streit beenden. In jede Nacht in Frieden gehen. Wer den Segen genießt, mit einer Frau zu leben, die diese Kunst einer Ehe meisterlich beherrscht, vor dem nächsten Tag alles Störende zurückzulassen, der weiß, wo das Glück zu Hause ist.

Und dann vielleicht sagen: Ich kenne die Stellen in dir, an denen du unsicher bist, darum will ich dort stehen und dich halten. Ich sehe deine Fehler, darum will ich dort, wo deine Fehler sind, bei dir sein. Wo solltest du mich nötiger brauchen als dort? Ich weiß, dass du kein Held bist. Ich sehe dein Misstrauen und deine Sorge, darum will ich dir dort, wo deine Angst ist, beistehen. Und so, wie du wirklich bist, bist du unersetzlich für mich. Diese Liebe ist der Anfang des Friedens.

Ein Fünftes vielleicht: Möglichst nah nebeneinander gehen, aber einander nicht analysieren. So nah kann niemand einem anderen sein, dass er wissen könnte, wer der andere in einem letzten Sinn eigentlich sei. Die Augenblicke abwarten, in denen sich plötzlich oder allmählich etwas vom anderen offenbart. Und so allmählich ein Bild von der inneren Welt, in der der andere lebt, gewinnen.

Ein Sechstes ist ein langsames, behutsames Annähern. Ein Vertrautwerden mit der inneren Landschaft des anderen. Das eine oder andere in die eigene Landschaft herübernehmen. Dann mehr. Nicht mit dem Ziel, es müsste sich eine völlige Übereinstimmung der Überzeugungen und Empfindungen des einen mit dem anderen einstellen. Aber so, dass Gedanken und Bilder in der Seele des einen und des anderen einander ähnlicher werden. Das gilt auch von religiösen Vorstellungen. Sie werden nie gleich werden können, aber einander ähnlicher. Am Ende werden beide sich unter dem Ziel ihres gemeinsamen Wanderns – fast – das Gleiche vorstellen können.

Ein Letztes noch: Es keinen Tag selbstverständlich finden, dass uns dieser Partner auf unserem Weg mitgegeben ist. Jeden Tag seine Nähe als gnadenhaftes Geschenk empfinden. Zum Geschenk aber stimmt eine lebenslange Dankbarkeit.

Was soll ich noch andeuten? Vielleicht dies, dass diese sieben Regeln alle ihren alltäglichen Ort im gemeinsamen Leben haben wie auch in der spirituellen Tiefe. Im Rausch des Glücks ebenso wie in der »dunklen Nacht der Seele«, von der die Mystiker wissen und die jeder kennt, der dem Leben in seiner Abgründigkeit zusieht. Mit dem anderen zusammen in die Abgründe schauen. Mit dem anderen sich ausdenken, was über unser kurzes Menschenleben hinausliegt. Offen lassen, ob die Ewigkeit eine neue Gemeinsamkeit stiftet oder ob der andere nur im Gedächtnis der Ewigkeit weiter mit einem gehen wird. Offen lassen, was nicht festgelegt oder festgedacht zu werden braucht. Und vertrauen, dass alles gut sein wird.

Die Zukunft ist offen

Die Farbe des Himmels und der Wolken geht allmählich über in ein tiefes Rot, ein Scharlach oder Purpur, wechselnd zwischen Orange und einem hellen Violett. Es ist ein Farbenschauspiel von alles überstrahlender Kraft. Wir stehen in dem großen Licht, das uns von einer Sonne her trifft, die nah an ihrem Untergang ist.

Es ist wie ein Abbild unseres eigenen Abschieds. Es ist das Licht, in dem wir hinübersehen über die Ränder der Welt. Es sagt uns, dass dieses Dasein mit all seiner Schönheit, seinem Elend und all seinen Finsternissen nur der Vordergrund einer Welt sei, die voll Licht ist. Und wir verstehen, dass umso mehr Licht ist, je weiter unser Auge in die Ferne und in die Tiefe der Welt dringt. Die Welt ist offen.

Während die Farben wechseln und ineinander übergehen, sich verändern und das Licht mit den Wolkenrändern spielt, denke ich an ein Wort von Dag Hammarskjöld, dem früheren Generalsekretär der Vereinten Nationen, einem der großen Mystiker des vergangenen Jahrhunderts:

»Gott,
du nimmst den Zeichenstift – und die Linien tanzen.
Du spielst die Flöte – und die Töne schimmern.
Du bewegst den Pinsel – und die Farben singen.

So wird alles sinnvoll und schön jenseits der Zeit,
in dem Raum, der du bist.
Wie könnte ich irgendetwas zurückhalten von dir?«

Alles verbindet sich mit allem. Alles geht in alles über. Was wir sehen, geht über in alles, was wir hören, was tönt oder sich bewegt. Was festgezeichnet scheint, tanzt. Was tönt, leuchtet, was Farbe hat, singt. Es will scheinen, als hätte er es gesagt, während er an irgendeinem Meer stand, an einem solchen Abend, an dem der Schrei der Möwen und das Rauschen des Wassers eins waren mit den Farben des Himmels.

Allmählich, während wir unweit unserer Hütte noch am Meer stehen, gehen die Farben zurück und die Nacht kommt; auch ihr dunkler Friede, in den wir hineingehen wie in ein gastliches Haus.

*

Später sitzen wir unter einer warmen Lampe am Tisch und lesen die Zeitung von gestern. In wenigen Tagen wird die politische Welt, die heimatliche, die deutsche, die globale uns wieder eingefangen haben. Auch ihre Kämpfe, ihre Gegensätze und die riesigen Aufgaben, die der Menschheit gestellt sind. Die sowohl ihre Fähigkeiten als auch ihre Willenskraft so weit übersteigen. Wie weit wird sie kommen mit ihrer Suche nach dem Frieden, mit ihrem Bemühen um

Gerechtigkeit zwischen den Völkern, mit ihren Versuchen, die Gewalt und den Hass zu überwinden, für die Wahrheit der öffentlichen Debatte einzutreten? Der Vernichtung der natürlichen Umwelt etwas wie Verzicht entgegenzustellen?

Ein Leben lang haben wir mitgedacht und mitgefochten auf der Suche nach einer Welt nicht der Mächte und nicht des Geldes, sondern der Menschen. Was können wir heute noch tun? Wenn eine der Aufgaben der Menschheit darin bestehen sollte, vor allem Tun und Kämpfen und Wirken zur Besinnung zu kommen und nachzudenken, so liegt vielleicht ein Teil des Auftrags, den ein alter Mensch leisten kann, im stellvertretenden Verzicht auf Eile, auf Streit und Angriff. Dann wird sein Beitrag jene Gelassenheit sein, die hier, an diesem Ufer, zu gewinnen war.

Wir werden also neben aller Mitwirkung vor allem viele Formen des Lassens einüben. Unterlassen, was nicht getan sein muss. Hinter uns lassen, was nicht festzuhalten ist. Weglassen, was entbehrlich, auslassen, was nur die Mode des Tages ist. Loslassen, was unsere Hände beschäftigt. Verlassen, was auf die Dauer keinen Schutz bietet. Sich selbst verlassen, so dass wir finden können, was verlässlich ist. Auf die offene Zukunft vertrauen und auf sie hinwirken mit Geduld und Freundlichkeit. Zeigen, was mit einem langen Atem zu gewinnen ist an Wahrheit und Wirkung.

An der Stelle der vielen Hoffnungen die eine Hoffnung festhalten. Hoffnung muss in der Einzahl stehen, sonst handelt es sich um Wünsche und Träume. Nach allen Hoffnungen auf einen segensreichen Fortgang der Menschheitsgeschichte wird mir meine Hoffnung, mit der ich unterwegs bin, sagen: Wir kommen irgendwoher. Wir gehen irgendwohin. Auch wir, die Menschheit insgesamt. Der Sinn dieser Geschichte liegt über die heutige Menschenwelt weit hinaus. Wir kommen zur Welt. Wir leben, sterben und erwachen. Was wir Tod nennen, ist die Rückseite einer ganz anderen Art Leben, und wir werden beim Überschritt dort hinüber mit einer uns hier nicht vorstellbaren Klarheit uns selbst und die größere Welt zu Gesicht bekommen. Unser Leben währt ja nicht, bis der Tod es beendet, wir sind vielmehr in der Hand des Todes, bis wir frei werden und ins Leben treten, hinüber in ein von Gottes Geist erfülltes Dasein ohne Raum und Zeit. Was uns tragen wird, wird der Wind sein, den wir den Geist Gottes nennen.

Wenn wir sagen: Wir werden in Gott sein – was mag uns nach unserem Hinüberflug erwarten? Wenn in Gott jene Dynamik, jene weiter- und vorwärtsdrängende Kraft ist, die uns von der Geschichte und Bewegtheit unserer Welt so eindrucksvoll vor Augen steht, dann heißt in Gott sein, teilhaben an dieser seiner Dynamik.

*

Ich verstehe wohl, dass mancher von uns nach einem mühsamen Leben müde ist und sich danach sehnt, zu ruhen. Aber ich kann mir nicht denken, wir brauchten eine Ewigkeit, um unsere Müdigkeit auszuschlafen. Nein, ich denke, wir werden nach unserem kurzen Tod in hellwachem Zustand hinüberkommen.

Und was ich mir auch nur schlecht vorstellen kann, das ist, ich hätte dort nichts zu tun. Ich würde eine Ewigkeit lang arbeitslos und selig sein. Nein, ich stelle mir, bei aller Vorsicht, vor, dass ich anders sein werde als hier. Ich werde andere Aufgaben haben und andere Kräfte. Aber dass ich irgendwo herumliegen, herumstehen oder in einem himmlischen Sofa sitzen werde, das erschiene mir absurd. Nein, die Arbeit wird weitergehen, die gemeinsame Arbeit an der kommenden Welt.

Wir sprechen von ewigem Leben. Und wir meinen damit nicht nur, was drüben auf uns zukommt. Auch dieses hiesige Leben auf unserem seltsamen Erdball ist schon ein Teil davon. Und was kann das »ewige« daran sein? Wenn ich Jesus gut zuhöre, dann höre ich: Du musst schon hier nicht bleiben, was du bist. Du kannst dich dehnen über den Rand deines Daseins hinaus. Du kannst dich weiten aus deiner kurzen Zeit in eine große Zukunft. Aus dem engen Umkreis deines Lebens in das Gottesreich. Dehne dich also. Maure dich nicht ein. Du wirst eines Tages Bürger einer größeren Wirklichkeit sein. Wenn du nicht weißt, was du tun sollst, dann tu etwas, durch das dein innerer Mensch an Raum gewinnt. Hingabe an etwas, das größer ist als du, Liebe zu jemandem, der über deine eigenen Interessen hinaus an seinem Leben zu leiden hat. Das wird es sein.

Was hat mehr Gewicht? Was wir hier zu tun haben, oder auf was wir zugehen? Es wird beides zu Zeiten das Dringlichere sein. Während ich über das Zeitungsblatt hinüber aus dem Fenster sehe, habe ich beides vor Augen: die Schrift der nahen, greifbaren Aufgaben und den unendlichen Raum dieser Nacht. Etwas in mir weiß, dass ein Ziel ist, über alle harte Arbeit meiner Mitwirkung am Menschenleben hinaus. Und dass in der freien Luft dieser Zeit, in dem Wind, der über dem Land weht, eine Lebenskraft am Werk ist, die wir den Geist Gottes nennen. Und dass es sich lohnt, für die offene Zukunft dieser Erde, und zugleich über sie hinaus, die Flügel zu regen.

Abschied und Aufbruch

In wenigen Tagen wird unsere Zeit hier an ihr Ende kommen. Freilich nicht nur unsere Zeit an diesem kargen, schönen Platz, auch unsere Zeit auf dieser Erde. Ich staune manchmal, wie viel Mühe selbst nachdenkliche Menschen dafür aufwenden, an ihr Ende nicht zu denken. Weiß man nicht seit seinen Kindertagen, dass es irgendwann eintreten wird? Was für eine Torheit, zu meinen, es lasse sich besser leben, wenn man dieses Ende verdrängt!

Was mich selbst betrifft, so habe ich in meinen jungen Jahren mehr mit dem Tod zu tun gehabt, als für einen Zwanzigjährigen gut ist. Inzwischen ist er mir fast zu einem vertrauten Freund geworden. Niemals war er für mich das große Aus, der letzte Punkt, nie habe ich ihn anders gesehen als so, dass er der ist, der mir den Schritt in die andere, die größere Wirklichkeit eröffnet. Er hatte für mich immer etwas an sich von einem Aufbruch, besser, von der Ausfahrt eines Schiffes hinaus auf das Meer an ein anderes Ufer. Ich stand dabei wie auf einer Landungsbrücke, den Abschied übend, und sah: Sturm kommt auf. Aber wir fahren! Wir fahren in ein Land jenseits aller Ferne oder Nähe. Ein neues, unbetretenes. Warum soll mich das schrecken, wenn ich doch weiß, wer mich dort empfängt?

*

Aber wie macht man das – sich vertraut machen mit dem Überschritt in die größere Wirklichkeit? Ich selbst spiele immer einmal wieder mit Bildern. Ich stelle mir irgendeine Situation vor, die einen Aufbruch oder eine Ausfahrt schildert, und denke mir, es lasse sich an ihr der Vorgang des Hinübergehens verstehen. Und ich gehe durch diese Situation so lange immer wieder, bis sie mir ganz deutlich ist, wohl wissend, dass sie nichts ist als ein Spiel mit Bildern.

Manchmal stelle ich mir vor, was ich als Flieger unzählige Male erlebt habe: Ich starte in der »Waschküche«, das heißt im Nebel oder im Regen. Ich steige in ein dunkles Wolkenmeer, ich habe kein Maß mehr für oben und unten, für die Waagerechte und die Schräge meiner Lage in der Luft. Ich sehe nicht, was auf mich zukommt. Aber da: Nach einer Weile werden die Wolken heller, Wolkenfetzen huschen vorbei. Der Himmel öffnet sich! Licht bricht auf in ungeheurer Fülle! Sonne, tiefblauer Himmel!

Dieses Bild, von dem ich mir vorstelle, es zeichne die Erfahrung des Sterbens nach, spiele ich ein paar Mal durch und halte es am Ende fest. Als meine Großmutter, fast neunzigjährig, starb, lag sie still auf dem Rücken, sie begann, glücklich zu lächeln, breitete die Arme weit aus, rief: »Fliegen!« Und ging hinüber.

Oder ich sehe einen Schwarm Möwen, der geruhlich im Sand versammelt ist, zur Sonne hin gewendet oder gegen den Wind. Wenn ich näher komme, setzt eine kleine Unruhe ein. Eine hebt die Flügel und löst sich vom Sand. Gelassen. Ohne Hast. Eine zweite. Schließlich eine nach der anderen. Es ist kein Schreck damit verbunden, sie lösen sich in einer ruhigen Gelassenheit von der Erde. Und ich hebe mich mit ihnen und fliege auf.

Bei dem japanischen Dichter Sami No Mansei aus dem 8. Jahrhundert lese ich:

»Womit mag ich es vergleichen, das Leben auf der Erde?
Von den Booten, die in der Frühe hinausfahren,
bleibt keine Spur.«

Und ich sage zu ihm: Ja, lieber Sami No Mansei! Dass wir keine Spur sehen von den Booten, bedeutet nicht, sie seien untergegangen. Sie sind auf einem Weg, den wir nicht verfolgen können. Vielleicht sind sie hinter der nächsten Halbinsel am Ufer? Vielleicht hinter der Rundung des Horizonts? Vielleicht hat ihre Ausfahrt einen ganz neuen Glanz und ein ganz eigenes Ziel?

*

Was heißt denn glauben? Es heißt auch: Durch alles, was so kompakt vor mir steht, hindurchschauen, als wäre es aus Glas. Oder: Glauben heißt hören, wie das Leben als ein feiner und ferner Ton in der Stille ausklingt, in jener Stille, aus der sich am Ende die reine Musik der anderen Welt erheben wird. Inzwischen lebe ich in der scheinbar grundlosen Zuversicht, zu wissen: Etwas Festliches bereitet sich vor.

Wenn die Sonne über den Himmel wandert, tut sie es ohne Lärmen. In großer Stille schafft sie den Tag. In ihrem großen Gesang nimmt sie die Vollendung vorweg, die unserer Welt bestimmt ist. Wir aber, die schauen und hören, erwarten die Stunde, in der wir hinübergehen in eine unendliche, eine erlöste Welt.

*

Es war ein langer Weg, den wir heute am Ufer entlang gingen. Es ist Abend geworden. Wir sitzen am Hang der Düne der untergehenden Sonne gegenüber, und sie neigt sich tiefer, zum Augenblick ihres Abschieds. Man kann, wenn man sich ihrem Gehen und Wiederkommen stellt, etwas lernen wie das Begrüßen und das Abschiednehmen, das Empfangen und das Loslassen. In der leisen Melancholie, die uns angesichts der sinkenden Sonne ergreift, ist es uns vorgezeichnet.

Die Sonne ist wohl von fast allen Religionen der Erde unter die Götter gezählt worden, unter die für Gott kennzeichnenden Daseinsmächte. Überall war sie jene

Macht der Helligkeit, die denen beistand, die unter der Dunkelheit ihres Lebens, unter Unrecht und verborgener Gewalt litten. Von Christen ist sie mit dem auferstandenen Christus in Verbindung gebracht worden, mit dem, der aus dem ewigen Licht kommend unsere kleine Welt erfüllt.

Wir gehen das letzte Stück Weg zurück. Während die Sonne tiefer hinabgeht, dem Wasser zu, sage ich, so leise, dass nur sie es hört: Liebe Sonne, wenn du zum letzten Mal für uns aufgehst, dann gib uns ein Zeichen! Wir möchten uns von dir verabschieden können auf unserem Weg in das größere Licht.

*

Mir fällt gelegentlich ein schönes Wort des Sufi Mansur al Halladsch ein:

»Göttliche Erleuchtungsstunden sind Muscheln,
die im Meer unseres Herzens liegen,
der Morgen der Auferstehung wirft sie ans Ufer,
und sie springen auf.«

Das Wort begleitet mich bis unter die nächtlichen Schatten der Bäume. Bis in unsere dunkle Tür. Als ich später wieder in den Garten hinaustrete, steht da ein runder und klarer Mond. Halb. Zunehmend. Der lichte Freund des nächtlichen Wanderers.

Rilke sagt in seinem Stundenbuch:

»Je mehr der Tag mit immer schwächern
Gebärden sich nach Abend neigt,
je mehr bist du, mein Gott. Es steigt
dein Reich wie Rauch aus allen Dächern.«

Vor sechzig Jahren, als ich dieses Dichtwerk liebte, als wäre es für mich geschrieben, habe ich mir diesen Vers ungezählte Male unter dem dunklen Himmel stehend vorgesprochen. Und ich wusste, er spricht von einem Dasein, das voll ist von einer gastlichen Wärme; und wir werden in ihm zu Hause sein.

Alles mündet

»Meerbreit« geht der Strom aus

Lichter Himmel, leichte Wolken ergehen sich wie auf einem gemächlichen Spaziergang hinaus auf das Meer. Ein sanfter Wind weht über die Gironde herüber. Von der Landspitze aus, die immer wieder das Ziel unserer Wanderungen ist, geht der Blick nach Norden hin an die Küste von Royan. Hinüber über die Mündung der Gironde, in welcher Dordogne und Garonne vereint dem Meer zustreben.

Während wir dort wieder einmal einsam und glücklich sitzen, sage ich uns, soweit ich es noch auswendig weiß, ein Gedicht Hölderlins vor, das mich seit meiner Soldatenzeit begleitet, das seine Bildersprache von diesem Küstenstrich nimmt. Es ist eines der wunderbarsten Dichtwerke, die die Welt hat. Es heißt »Andenken« und beginnt so:

»Der Nordost wehet,
der liebste unter den Winden
mir, weil er feurigen Geist
und gute Fahrt verheißet den Schiffern.«

Ein Jahr, ehe Hölderlin diese Verse schrieb, war er in Bordeaux gewesen, einige Monate lang. Er hatte dort geschrieben: »Das gewaltige Element, das Feuer des Himmels … hatte mich ergriffen.« Die südliche Sonne, die Weinberge des Landes und die reifen Früchte waren seine alles überragende Erfahrung gewesen, zugleich Glück und kosmische Gefährdung.

Nun redet er den Nordostwind von Deutschland aus an:

»Geh aber nun und grüße
Die schöne Garonne,
Und die Gärten von Bourdeaux.
Dort, wo am scharfen Ufer
Hingehet der Steg und in den Strom
Tief fällt der Bach, darüber aber
Hinschauet ein edel Paar
Von Eichen und Silberpappeln;

Noch denket das mir wohl und wie
Die breiten Gipfel neiget
Der Ulmwald, über die Mühl',
Im Hofe aber wächset ein Feigenbaum.
An Feiertagen gehn
Die braunen Frauen daselbst
Auf seidnen Boden,
Zur Märzenzeit,
Wenn gleich ist Nacht und Tag,

Und über langsamen Stegen,
Von goldenen Träumen schwer,
Einwiegende Lüfte ziehen.«

Das Gedicht ergeht sich lange in seinen traumweichen Bildern. Aber dann beginnt es zu trauern. Es sieht die Freunde ein Schiff besteigen und hinausfahren auf das offene Meer, von dem sie nicht wiederkehren. Hölderlin sieht sich dort stehen, wo er sie hat hinausfahren sehen, an der schmalen Landspitze von Bec D'Ambès:

»Dort an der luftigen Spitz'
An Traubenbergen, wo herab
Die Dordogne kommt,
Und zusammen mit der prächt'gen
Garonne meerbreit
Ausgehet der Strom …«

Er steht zuletzt dort, wo er das Ende aller Bewegung und aller Gemeinschaft ahnt im unendlichen Meer. Dort aber, wo »meerbreit« ausgeht der Strom, sitzen wir beide, an der Mündung der Gironde. Was ist das doch für ein wunderbares Bild: »meerbreit«! Das Ende aller menschlichen Mühen ein meerbreites Ausgehen in die Unendlichkeit!

Wenn ich uns beiden das große Dichtwerk Hölderlins vorsage und an diesen Schluss komme, den ich seit meinen jungen Jahren liebe, ist alles gut. Was wir erinnern. Was wir erwarten. Der Horizont ist frei und voll Licht. So schwimmen unsere Gedanken hinaus auf dem spiegelnden Wasser. Danke, lieber Freund Hölderlin! Du hast mir ein Leben lang zu den verlässlichen Freunden gehört, zu denen, die nicht verloren werden. Dank für dein großes Bild vom meerbreiten Ausgehen aller Dinge.

Alles ist gut

Es wird Zeit, an den Aufbruch zu denken. Eine lange, ermüdende Straße wird uns zurückbringen nach Deutschland. Wir werden Abschied nehmen von diesen Dünen, von diesem Meer, von Sand, Wind und Wolken. An unserem letzten Abend gehen wir noch einmal hinunter und sagen dem Meer Lebewohl. Dem Wind, dem ankommenden und Abschied nehmenden Element. Er kommt weit herüber aus Mittelamerika und bringt den Duft des Meeres mit. Und seine Klänge.

Mit dem Finger schreiben wir unsere Namen in die letzte verlaufende Welle und sehen: Es bleibt keine Spur. Wozu auch? Unsere Namen gehen unter in dem wunderbaren großen Element, in das meerbreit der Strom ausging. Gott hat deinen und meinen Namen auf seiner Flöte gespielt, und in ihm werden sie verklingen und neu aufblühen in einer neuen Melodie; das heißt, sie werden bewahrt sein in der großen himmlischen Musik.

*

Es ist im Grunde eine seltsame Kühnheit, angesichts alles dessen, was in unserer Welt geschieht und was in ihr erlitten wird, zu sagen: Es ist alles gut. Wir sagen es dennoch. Wir sagen es für uns und unser Geschick. Und wünschen uns, was gut ist, möge allen Menschen, allen Lebewesen und allen Dingen dieser Welt und allen ihren Elementen zukommen.

Mir, ein Sufi, schreibt:

»Ich fragte:
Wie lang währt das Leben einer Rosenblüte?
Die Knospe hörte es und lächelte nur.«

Und so stehen wir dem Abend zugewandt. Nach und nach kommen die Sterne heraus, und wir schauen in die vertrauten Gesichter des Himmels. Der Fuhrmann ist immer noch auf seiner Straße unterwegs. Die große Bärin steht wie ein Schutz neben uns. Der Schwan schwebt noch immer über den Wolken. Andromeda ruht auf ihrem Liegebett hingestreckt. Der Adler breitet seine Flügel, leise klingt die Leier, und die ganze Familie des Himmels versucht die Musik der Sphären zu spielen. Möglichst fehlerfrei und so rein es unter gewöhnlichen Sternen eben gelingen will.